生徒に『私はできる！』と思わせる
超・積極的指導法

まえがき　教師は太陽であれ！

注意・叱責中心の「教育」がまだまだ蔓延している。言葉の暴力や腕力の指導に依存するかぎり、子どもが良くなることはない。

ＴＯＳＳが主催する医教連携学習会および日本小児科連絡協議会「発達障害への対応委員会」でお世話になっている医学博士、日本小児保健協会常任理事の平岩幹男ドクターは主張する。

子どものセルフエスティーム（自己肯定感）を高く保つことが何より大切だ。

子ども一人ひとりを見ていれば、その子が何を求めているかが見えてくる。十四年間日々中学生と関わる中で私に見えたそれは、自尊心を向上させてほしいという願いであった。

自尊心の高い子は自分を大切にする。見通しをもって人生を考える。生きる意欲が高い。周囲の人間を大切にすることができる。

逆に、幼少時からの不幸な出来事や誤った教育、障害への無理解による不適切な対応等で自尊心を傷つけられた子どもたちは、刹那的な生き方をしていた。自分に損になることも平気で繰り返した。周囲の人間にもつらく当たった。中には嫌われることを進んでやって、孤立していく子もいた。明らかに間違った行為であるのに、指導されても止められない子たちもいた。

その子たちもまた、心ある教師たちの、「教えて褒める」教育を通して成長していくのだった。

そんな中、個々の子ども、及び学級を荒らしてしまう教師もいた。たとえば、入学した子どもたちは小学校時代の担任をきわめて辛辣《しんらつ》に批判した。

その小学校教師が担任した学年は、毎年荒れていた。子どもたちの精神が不安定だった。大人に対し斜に構える子どもが多くいた。挨拶・返事・後始末がいいかげんだった。正義が通らなかった。真面目に生活する子どもが疎外された。強固な差別のピラミッドが構築されていた。喧嘩《けんか》が昂じて相手の首を絞める、頭部を殴る、小屋に放火するなどの「事件」が何度も起きた。「あの先生が嫌だから行かない」と不登校を選ぶ子どもも現れた。

その教師の授業を十数回参観した。酷いものだった。空白だらけで、子どもたちは毎回集中を切らしていた。指示や発問が曖昧で、個別指導もほぼ皆無。よって、苦手な子どもたちは分からない。それなのに作業の進まない子どもを怒鳴っていた。「こんなんもわかんねーのか！」「下向いてて何がわかるっつーんだよ！」聞くに堪えなかった。

小学校のプールが改修工事のため使えなかった年があった。小学生は中学校のプールを利用した。百メートル離れた職員室にも、その教師がマイクで怒鳴る声が聞こえてきた。特別支援教育の研修を重ねた結果、中学校には授業中に怒鳴る教師は一人もいなくなっていた。小学生相手に怒鳴りまくる教師に、皆驚き呆れた。

その教師が担任した子どもたちは、私の配属サイクルとぴったり合っていた。中学入学から卒業までを二巡り、六年間担任することとなった。

どちらの学年の子どもたちも、大半が自尊感情を底まで低下させていた。大人への信頼や尊敬などみじんもないような態度だった。入学式の朝、女子が男子から腹部に回し蹴りを食らい、うずくまって呻いていた。「こんなメンバー嫌だ。あいつらうざい。せんせ、クラス替えっていつするの？」と臆面も無く訊いてくる女子たちもいた。今も鮮明に記憶している情景だ。

男子は多くが多動で、衝動性が強かった。初日から教室のコルクボードやゴミ箱を破壊した。一見優等生に見える女子たちも、「学級委員や班長なんて、絶対にやらない。小学校時代にやって、何も良い事無かったから」と言った。

入学後の一年間は格闘の連続だった。授業で、生活で、部活で、私はひたすらに教え、できるようにさせ、褒め続けた。

一年後の学級解散の日、小学校時代に四回にわたり警察のご厄介になった男子がノート七ページをぎっしり埋めて私宛の手紙を書いてきた。

「いま、この学校が大きく変わろうとしている。それもこの中学校に来た一人の先生のおかげである。（略）長谷川先生に会っていなかったら、変われなかった。あらためて長谷川博之という人に会えてよかった」

この男子は後に、生徒会長に立候補し、当選する。そして、学校立て直しの先頭を走った。彼らが三年になった年、学校はほぼ正常化した。

彼らを卒業させ、再び中一担任となった。高学年時、前述の教師に担任された子どもたちだ。同じような荒れや無気力が蔓延していた。

私と共に彼らを担任した教師もまた、「叱って、怒鳴って、皮肉を言って」授業や学級経営をする教師だった。二週間で学級が崩れた。一学期末には崩壊した。指導を受け付けない男女が複数名現れた。配付したプリントが紙飛行機になった。いじめが連続して起きた。その中のある男子と口論になり、この教師はラジカセで殴りかかった。アルコールスプレーを生徒の目に向けて発射し、大騒ぎになったこともあった。翌年この教師は学年を外れた。

「叱れない」のは教師失格である。お友達教師は害悪だ。叱るべき時に叱るのは私たちの大事な仕事の一つである。だが、そのような場面はそれほど多くはない。叱ってばかりで子どもを駄目にした例は身近に数多くある。基本は「教えて褒める」、積極的な生徒指導なのである。

「教師は太陽であれ」

私の口癖である。

教師自身が隅々まで分け隔てなく照らし続ける太陽として生きることが、生徒を救う。本書にはその具体的実践例を多数収めた。ご批正いただきたい。

最後になりますが、再び執筆の機会をくださった学芸みらい社の青木誠一郎社長と、常に先を見据え、厳しくも温かいご指導をくださる向山洋一師匠に感謝申し上げます。

二〇一四年春

ＮＰＯ法人埼玉教育技術研究所代表　長谷川博之

目次

第3章 特別支援教育で行う超・積極的指導とは

第4章 「これが長谷川学級だ！」仲間による「学級・授業参観記」 149

第5章 保護者との付き合い方を伝授する 187

第6章 あなたの悩みにズバリ答える長谷川流Q＆A 209

第1章

「自分にもできる！」と思わせる積極的生徒指導とは

❶ 自己肯定感を回復させることで、生徒の人生が変わる

担当学年が入学してすぐのことである。数人の男子が授業をかき回した。授業のたびに涙をためて帰ってくる女性教師もいた。

騒ぎの中心に毅（仮名）がいた。家庭に恵まれない子だった。入学式初日から女子の腹に蹴りを入れた。席の周囲の子を何度もこづいた。一週間で制服のファスナーを壊しワイシャツに短パンで登校した。授業中鉛筆の芯を自分の頭に刺したり、「ドドドドド」とマシンガンを撃つ真似を何十分間も続けたりしたこともあった。巣をつついて蜂に刺されたり、捕まえた鼠に指を噛まれ通院したりもした。興奮してマーガリンを壁にぬりつけたことも、給食の大缶にスプーンをつっこんで直接食べようとしたこともあった。

彼が「悪さ」をするたび、二人きりになって話をした。うつむくままの彼に、私はいつも同じ言葉を語った。

「君はこの学級になくてはならない存在だよ。いまに学級を背負っていく人になるよ。君ならできるよ」

そのたびに毅は涙をにじませた。しかし、翌日にはまた同じような失敗をした。報告を聞いて駆けつけた私の顔を見てばつが悪そうにうつむく。その繰り返しだった。

五月も終わる頃、学級の数人が毅のふるまいを責めた。「うるさくて授業に集中できない」「周りの迷惑も考えてほしい」と。

その時彼は言った。「……俺だって、ちゃんとしようとは思ってる……」

ショックだった。毅もまた良い子になりたい。なりたくてもなれなくて、そのたびに自分を責めている。こ

の時初めて、私は彼の願いと痛みとを理解した。

以後、彼のささやかな活躍を目にするたびに保護者宛の手紙を認《したた》めた。先生方や子どもたちに彼の良い所を言って歩いた。授業で一度は必ず丸をつけた。

六月半ば頃、彼は私の側に寄ってきて体をぴったりとくっつけるようになった。背中に顔をうずめてじっとしていることもあった。同じ頃から「毅が変わった」という言葉が子どもたちの日記に見られるようになる。

一学期も終わる頃、合唱コンクールの伴奏者を決めた。ピアノを弾ける子がほとんどいない学年である。課題曲への立候補が出ない。毎年語ってきた言葉を幾つか重ねたが、出なかった。このままでは棄権だ。タイムリミットのチャイムが鳴る。

「下手でもいいんでしょ！　俺がやる！」真っ赤な顔で立ったのは、毅だった。大きな大きな拍手が湧いた。

放課後。ピアノなど弾けるはずもない毅の、あの立候補を見て勇気が出たという女子がふたり、私のもとを訪れた。「やります」と。

十二月。彼は国語の授業の中心となった。相変わらず過度に熱狂して大声を出したりはするが、頭の回転の速さは逸品だった。分析批評が大好きだった。授業のたびに、彼の発言に対する拍手が湧いた。

二年後。再び私の学級に戻ってきた彼は、連続八、九時間続く指名なし討論を牽引した。保健委員長として、学校改革の策を次々と打ち出した。誰もが彼を認め、讃えた。

高校に行ってからも時々中学校に顔を出した。赤点もなく、仲間にも恵まれ、楽しんでいた。

先日彼から連絡があった。「先生、就職が決まりました。初任給で焼き鳥、ごちそうします！」

❷ 生徒に自ら気づかせる対応を心掛ける

一　出会いの日から真剣勝負

飛び込みで中三を担任した年の初日、ある女子生徒が綴った日記を紹介する。

今日は、クラスや先生が発表されて、正直「最悪」って思った……。修学旅行とかもAやBとかと行動したかったし、中学校生活最後くらいAやC、Dとかとバカやりたいって思っていた。だから「最悪」としか思えなかった。

でも、学活をやっていくうちにAたちとクラスは違っても、このクラスのメンバーと最高の思い出を作りたいと思った。この3Aのみんなで最高のクラスにして、最高に終わりたいと思った。

黄金の一日目から、これである。日記に書いてくるほどだから、よっぽど「最悪」だったのだろう。当然、ライブではもっと険悪な表情や態度となるわけである。

このような言葉や態度に対して、いかに対応するか。我々は常に瞬時の判断を迫られている。一歩間違えば、初日から崩壊への道が始まる。読者なら、どんな表情で、何を語るだろうか。

二　相手の想定の上を行く

一、二年と担任ではなかった私が突然最後の一年で担任となる。そのことに驚いたり、不安を感じたり、「生徒指導主任や学年主任を務めている先生だから厳しいのではないか」と恐れ戦《おのの》く生徒がいるのは想定内である。生徒は、こちらの想定の範囲内で反応しているまでである。

私はいかに対応したか。笑顔で担任就任の挨拶を述べ、その笑顔を保ったまま、配付や確認等自分の為すべきことを次々とこなしたまでである。最後に二分間弱、毅然とした中にも笑いを交えて、「叱る対象三点」を話して終えた。三点とは、他人を傷つける言動、自分を傷つける言動、そして同じことを三回注意されても直そうとしないことである。

私はどんな態度に対しても、ほとんど表情や態度を崩さない。アドバルーンもさらりとかわす。そういう教師は珍しいのだろう。生徒は完全に兜を脱いでいた。

彼女は書いている。「学活をやっていくうちに〜最高に終わりたいと思った」と。初日の学活は三十分。うち二十分は膨大な資料配付と教科書配付、記名に費やされる。残りは十分。

その、正味十分の「出会いの授業」で私は勝負に勝ったわけである。事実、翌日に行った委員会・当番活動・係活動決めや学級ルール策定の場で、彼女は積極的に挙手・発言し、立候補し、学級をリードした。

ちなみに、冒頭の日記に付したコメントは次のとおりである。

子どもは教師を選べない。
同様に、教師も子どもを選べない。すべての出会いは必要必然。
その出会いの意味を見つけ出す一年にしていこうね。

注意や叱責、皮肉等で彼女の自己肯定感を傷つける必要はまったくない。教師は淡々と、あるべき姿、理想の言動を示し続ければよい。

後日談である。

この学級は時の経過とともにきわめて良好な状態となった。

彼女は毎日笑顔で過ごした。行事では学級を牽引した。道徳や学活の授業で積極的に意見や感想を発表した。

年間を通して日記を書き続けた。九月の時点で、「この学級でよかった」と書いた。三学期には、「解散したくない」と書いた。

三　誤りに気付かせる対応が鍵

小学校で学級崩壊や学年崩壊を経験してきた生徒を担任する経験が多いせいだろうか。同じような経験を、私は幾度となくしている。

入学式の日、教室に真っ先に入ってきた女子二名に、「先生、このクラスうざいヤツばっかり。クラス替えしたいんだけど」と言われたことがある。例によって、笑顔で「そうか！　じゃあ、一年後をお楽しみにな！　でもな、一年経ったら『解散したくない』と泣くかもしれないよ」と返した。事実、そうなった。彼女たちは三学期終業式から泣いていた。

初っ端から「こんな席順嫌なんですけど。席替え、いつやるんですか」と聞いてくる生徒もいた。「そうだな。皆が今の席に満足して、そういう文句が出なくなったらやるかな！」と返すと、生徒は二の句が継げず、数秒後に笑い出した。

こういうアドバルーンに対して狼狽《ろうばい》したり、激昂《げきこう》したりするのは避けたい。想定しておいて、相手の想定を超える角度から斬り込めば効果が高い。それができなくとも、笑顔で明るく簡潔に自らの考えを伝えることが大切だ。

説教でなく、間接的に相手の言葉が誤りであることを伝える。

経験則だが、有効だと確信している。

❸「はみ出し生徒」を救うのは、周りの子どもである

ある年の三月、学活の時間。学級の生徒に、卒業生のエピソードを話した。当時毎年のように勤務校の卒業式を騒がした、金髪、化粧、ピアスの子どもたちのことだ。

中学校時代を好き勝手に過ごした彼らが卒業式で流した涙は、周りの生徒のそれとは明らかに質が異なる。最後まで言動を直すこともなく、周りに迷惑をかけつづけ、ただ卒業が寂しいと泣いているのだとしたら、その涙に価値はない。当日に泣くなら、もっと早くに気づいて修正すればよいのだ。

そんな話であった。

当然、彼らの言動を変容させられなかった教師にも責任の一端はある。すべてが教師の責任だなどという綺麗事を言うつもりはない。だが、教師自身に、あらゆる手段を用いて生徒個々の自己肯定感を高めるという確固たる思想と、それを具現化する腕とがあれば、結果は多少なりとも違ったはずなのである。

教師がそうした仕事を為さない時、彼ら「はみ出し者」と周囲との意識の差は日に日に広がり、疎まれ、教室に、学校に入れなくなっていく。

当時、学年のA男やB男、T男が、そうなりつつあった。まだ学業を捨てていないし、周りに暴力を働くことは少なかった。だが、家庭が崩壊し、親を憎悪し、生活が乱れ、低学力も深刻化し、確実に学校という「枠」から外れていきつつあった。

そういう事態に歯止めをかけようと、私も十数名の志を共にする生徒たちも、動き続けた。

何十回、何百回と裏切られても、へこたれはするが、あきらめなかった。

A男とは一学期の頃何カ月も同じ班になったことがあった。そのころからA男は当番や掃除をしなかっ

た。Mも同じ班の時は、四人という少ない人数で当番も掃除もやってきた。「仕事しろ」と注意してもやらない。その頃はA男＝掃除や当番をやらない人、とあきらめていたと思う。今頃になって思う。自分があの頃、A男と本気で向き合い、ぶつかり、当番や掃除をしてくれるような人間に変えられれば今の状況はなかったのかもしれない、と。しかし自分の弱さゆえに本気で向き合おうとしなかった。本気でぶつかろうとしなかった。自分が傷つくのが恐かったからだ。でも今のままではA男は、学校に来られなくなってしまうらしい。そうなる前に、何とかしなくちゃと本気で思っている。まずは行動。明日の大掃除、良いチャンスだ。できたら「掃除しよう」と声をかけてみる。たとえ嫌がられても。A男を、友達を学校に来れない状況なんかに絶対にしたくない。（生徒の日記より）

こういう「目覚めた」子どもも、増えていった。

好き勝手をし反省もなく卒業していった生徒にも、彼らのように関わり続ける存在が一人でも多くいれば。歴史にイフはないが、そう思わざるを得ない。

落ちていく子どもを救うということについて、教師にできることは想像以上に限られている。心底悔しいがそれが現実だ。最後の最後に救い、渦に巻き込んでいくのは、同じ時を、同じ思いで過ごす、仲間たちの力なのだ。集団の力なのだ。教師が意図的計画的に集団のダイナミクスを活用するのである。

無論、彼らが動き続けられるのは、信頼する教師が背後にどっしりと構えているからだ。教師がぶれず動じず立っているから、安心して動けるのだ。

非行に走る友を救おうと生徒が動くのは、時に先駆け、時にしんがりを務める教師がいるからである。

A男は卒業後、最も頻繁に学校に顔を見せた。高校でのがんばりを話して帰るのだった。

❹ 授業で生徒を認め、褒め、活かすための三つのポイント

一　授業ですべての生徒に光を当てる

ある年の一月。担任する生徒と過ごすのも残り五十日を切った頃のことである。帰りの会の後は相談室で三十分を過ごした。

話がしたいという生徒が学年だけでも複数いる。皆、いろいろな事情を抱えながらも、登校し、一所懸命生活している。

彼らの声に耳を傾けるのに、授業時間だけでは足りない。学級の生徒ならば日記の交流ができるが、学年となるとそうはいかない。放課後にだらだらと残すことはしないが、メリハリをつけつつ可能な限り付き合うようにしている。このようなミニ相談は、一、二学期だけでもう五十回を超えている。

終了後、女子生徒がふたり入ってきた。

ひとりはやんちゃ娘である。サークルメンバーが所属校の校長先生と参観に来た。授業を見終えたその校長先生が言った。

「あの子は、私の学校に来たら確実に荒れている。私の学校の職員の授業では、受けもしないだろう。しかし、先生の授業にはあれだけ熱中している」

元法則化の校長先生がいう「あの子」が、この女子生徒である。

兄も姉も私の学年だった。どちらも大いに元気だった。

だが、担任になったことはなかった。それ以上のレベルの荒れた生徒がいたからだ。彼らの多くは、私の学級に入ってきた。バランスとか人間関係とか、そんなことは言っていられなかった。崩壊させないためには、

そうするしかなかったのだ。

さてその年、アクロバティックな人事で私が担任となった。

「やっと先生に持ってもらえた。お兄ちゃんの時もお姉ちゃんの時も、一度も持ってもらえなかったからよっぽど嫌われているのかと思っていた」

四月の授業参観時、母親に笑いながら言われた。

（このように言ってきた母親はこの人だけではない。兄姉が私の学年でなかった人たちも、複数が言ってきた。

「この一年を楽しむためにとても大切なことがあるのです。それは、私に期待しないことです」と言ったら爆笑された）

その超やんちゃ娘。

一緒に来た隣の学級の生徒にマシンガンのように話す。

「なんで眠くならないのか不思議なんよ！」

「去年も一昨年も、午後の授業は寝ていたんに！」

「引きつけられるんよ！　ずっと集中するんよ！」

「私なんか一時間に何度も発言するんよ！　今日だって一番に立って言ったんだで！」

六時間目に私が行った道徳授業について、である。

あえて私のそばに来て、隣の学級の友人に、私の授業の感想を言いまくっているのである。大興奮状態で。

かわいい生徒だ。

こういう生徒に光をあてるために、私は修業をしてきた。

こういう生徒にも成功体験を積ませ、学習意欲を呼び覚まし、学力を保障し、進学意欲を高める。そのために、十数年にわたって修業してきた。

修業の中心は授業である。授業力がなければ、彼らを救うことはできない。心を癒すことはできても、人生を切り開いていく力をつけてやることはできない。TOSSを選び、学び続けてきて、本当によかった。

二　授業開始前に「仕事」をする

中学校である。担当する学級に授業をしに行く。休み時間は生徒にとっても教師にとっても、移動時間である。

平日、私はほとんど職員室にいない。休み時間は廊下で生徒（一年から三年まで）とコミュニケーションを取り、悩みの相談を聞き、保健室にたむろしている生徒たちを外に出し、そして、チャイム三分前に授業する教室に向かう。

教室に入って幾つかの行動をする。

1　支援を要する子どもの授業準備（机上やバッグの整理）を手伝う。
2　床のゴミを拾い、換気をする。
3　着席した生徒と言葉を交わす。
4　前の時間のがんばりを描写して褒める。
5　忘れ物に対応する。

ここまでやって、チャイムが鳴る。

授業開始前にこれらの仕事をしているか否かによって、発達障害のある生徒もその他の生徒も、「授業の入り方」が全く違ったものになってくるのは、おわかりだろう。

どの教材を最初に使うか、どういう学習活動から入るかと様々に工夫するのは大切なことだが、それ以前にやっておくべきことがあるのである。

三　授業の型を決めて、生徒を安定させる

生徒指導・教育相談、特別支援教育コーディネーターを兼務している。突発的な事件や保護者への対応が入ることも少なくない。

それらへの対応で、開始チャイムに間に合わないことがある。

チャイムから二分遅れてその教室に入った時、皆さんの担当する学級では、生徒はどんなことをしているだろうか。

程度の差こそあれ、おしゃべりをして皆さんを待っているのではないかと推測する。

先日開催した研修会で出された質問にも、

「チャイム着席が守れない」
「授業開始がざわざわする」
「最初から突っ伏してしまう子がいる」
「遅れて教室に行った時、すごく騒々しくて周りに迷惑がかかる」

という内容が複数あった。一般的な風潮なのだろう。

策を講じていないからこうなっているのだ。生徒の責任ではない。教師の責任だと認め工夫と努力をすれば、ちゃんと解決できる。

私の担当する学級は、現段階でこうなっている。

全員が漢字スキルの練習をしている。

話をしている生徒はいない。廊下を通過する同僚も、静けさに驚いたという。

なぜそうなるのか。理由は大きく二つある。

一つ目は、四月の段階で次の趣意説明をしていることである。

授業はチャイムで始め、チャイムで終えます。ただ、私に突然の仕事が入り、開始のチャイムに間に合わないことがあります。そんな時は皆さんで「漢字スキル」の練習を進めていなさい。チャイムと同時に始められれば、チャイムと同時に終わるのです。チャイムが鳴っても勉強が始まらないならば、その分、休み時間を削って授業し続けることになります。どちらがよいですか。

全員が「時間通りがよい」と答える。

こうして約束をし、約束通りに行動しようとした事実を褒め続ける。褒めて行動を強化するのである。

同時に、こちらも約束を守る。私がチャイムが鳴り終わっても授業を続けることは、皆無である。

二つ目は、

授業の型を決めていることである。

私は授業を漢字スキルから始める。ハードルの低い学習から授業に巻き込んでいくためである。

漢字スキルは、

1　誰もが理解し、正解でき、
2　テンポ良く進めることができる。

優れた教材である。

毎回やることが同じだから、私からの指示がなくとも学習を始められるのだ。

しかも、見ればやるべきことがわかる教材だから、質問も出ない。自分のペースで進めていける。

授業開始から、意図的に、生徒の精神を安定させることが大切である。

同様の効果をもたらす教材が、ＴＯＳＳには幾つもある。中学で言えば、「あかねこ名文視写スキル」がよい。視写をしている間は、一言のおしゃべりも生じない。ただただ黙々と鉛筆を走らせている。

そのような静けさを授業開始直後に設定することもまた、生徒の心の安定につながる。教師は最初から、取り組みの姿勢や丁寧な文字を褒めることができ、雰囲気も明るく軽やかなものとなる。

「中高生のための暗唱詩文集」（東京教育技術研究所）を用いて活発な活動から入るという型もあろう。要はこちらの明確な意図のもとに、学習を組み立てることである。

私の授業を参観した仲間が参観記を書いてくれた。第四章をお読みいただきたい。

❺ 授業外の個別支援で成功体験を保障した二つの事例

一 読解指導における特別支援

ある年のことである。通常学級に在籍しているが、WISC（ウェクスラー式知能指数検査）でIQが55〜65の生徒が一年生だけで四名いた。小学校時に通級していたり、不登校だったりした子どもたちである。

四月から、授業にはまったくついていけなかった。

そのうち、いくつかの授業に出なくなり、その時間は相談室で過ごすようになった。

私は他学年の担当であり、一年生の授業は出ていなかった。

しかし、特別支援教育コーディネーターとして、その子どもたちに関わった。毎日の空き時間を利用して、国語の個別指導を行ったのである。

子どもたちがよく取り組んだのは、『教室ツーウェイ』二〇〇二年一月号臨時増刊である『TOSS版読み・書き到達度評価検定テスト』である。

十年前のもので、中には修正した方がよい問題もあるが、そこは助言をしたり削ったりしつつ、進めた。

九十点、百点を取って、「いつ以来だろう！」「こんな点、取ったことがないです！」と喜んでいる顔が素敵だった。

現在ならばこの教材と共に、『あかねこ中学読解スキル』を用いる。

向山洋一氏の指導のもと、三年の月日をかけて光村教育図書と開発、二〇一三年四月に発刊した。

「傍線部の意味することを四十字以内にまとめなさい」

「A、B、Cの三つの言葉を入れて、七十字以内でまとめなさい」

高校入試にも大学入試にも、もちろん中学の定期考査にも、このような問題が出される。そして、できない生徒はまったくできない。

なぜできないのかと言えば、答えは一つ。答えの作り方を教えられていないからだ。

こういう問題の解法を指導できる教員は、半数以下であろうと思う。いや、もっと率直に言えば、二割程度ではないか。

すなわち、授業で教えられてもいないことを、生徒は考査や入試で要求されているわけである。

この現状は、明らかに、間違っている。「教えて褒める」になっていない。教師が「教えない」ことで子どもが巨大な不利益を被っている。

しかし、愚痴ってもしようがない。個々の教師たちの考え方や指導法を変えることはきわめて難しい。

だから、教材化する。万人が使える形にする。

読解スキルもその思想のもと、形にした。


文章の「読み取り方」。

問題の「解き方」。

そして答えの「作り方」。


この三つのスキルを身につければ読解問題は解ける。

「あかねこ中学読解スキル」を用いれば、これらのスキルが確実に、着実に身につく。

LDの生徒も、ASDの生徒も、境界知能の子も、ちゃんとついてくる。教室で実地に検証してきた。彼らは確認コーナーやチェック欄を見ながら一所懸命解く。そして、正解する。笑顔になる。ガッツポーズをする。

特別支援学級の生徒にも解かせた。企画段階で「どうしても！」と頼み込んで入れてもらった「読み方ページ」の「説明的文章編」は一問ミス、「文学的文章編」は満点だった。

冒頭の「スタート」ページ①は百点満点中五十点、②は七十五点を取ることができた。

日本中の中学生、高校生がこの教材によって「教えられ」「褒められる」だろう。

この教材を用いれば、どの教員も、生徒一人ひとりに読解を「教え」、「褒める」ことができる。

一斉授業用としても、個別支援用としても、全国津々浦々に広めていきたい。

二　買い物トレーニング

個別に関わった生徒のひとりとは、買い物のトレーニングも行った。

「計算しながら買い物をしたことが一度もない」

最初、彼女はそう言った。計算は、ほとんどできなかった。

そこから初めて、お金を使った計算を勉強し、週に数回、実際にコンビニエンスストアに連れて行った。

当初、予算は毎日１０００円。私が言ったものを、次々買っていく。

そのつど、およその合計を出させる。

ある日は、レジに向かおうとした時点で約９００円という計算だった。その時、私が言う。

「あ！　サンドイッチも食べたいなあ。○○さん、買っても平気かなあ⁉」

「大丈夫だと思いますよ」

値段を見て、彼女は言った。

いざレジへ。

彼女の手には1000円札が握られている。

「はい。全部で1111円になります」

「えーっ！　1000円超えちゃった‼」

彼女は私を見て、笑顔で言った。「先生がサンドイッチ食べたいって言ったから！」

「ごめんごめん！　次は『先生駄目だよ。オーバーしてしまうよ』と止めてね」

やりとりを見ていたパートの方々が、「でも、1111って、いい数字じゃない！」などと声をかけてくれた。

「先生、次はおでんを買ってみましょう！」などとはしゃぐ彼女と、買い物の復習をしながら学校に戻った。

その後も彼女がひとりで買い物をできるようになるまで、トレーニングを続けたのだった。

6 行事で行う積極的生徒指導

一　過去を振り切らせるのも教師の大切な仕事である

十一月、文化祭合唱コンクールでは、毎年巨大なドラマが生まれる。生まれるように、組み立てる。

「九年間の最後くらい、人の役に立つことをしたい」と、指揮者に立候補したA男。発達障害、行為障害の診断を受けていた。前年は音楽の授業で騒ぎ、それを注意してきた学級委員に二十数発殴る蹴るを繰り返したこともあった。

家庭に恵まれないA男。帰宅すれば自宅は他校生や卒業生のたまり場となる。

私は毎晩彼を連れ出し、指揮の練習をし、一緒に飯を食った。コンクールまでの三週間、それを通した。

当日、A男は泣きながら指揮をした。彼にとって、生まれて初めての成功体験だった。

その日、NHKのカメラが長谷川学級に張り付いていた。帰りの会の映像には、突っ伏して泣き続けている彼と、彼を取り巻き声をかける子どもたちの姿が映っている。

学級は最優秀賞を取り、十六校が集う郡市大会への出場が決まった。郡市大会では音楽教師が指揮者を務めるのが決まりだ。A男は歌い手となる。その日から、夜の歌練習が始まった。

当日。彼は歌いながら泣いていた。涙を拭いながら、大口を開けて歌っていた。

コンクール翌日。子どもたちの日記には、「無限の可能性」「何を求めて生きるか」など、私が直接使っていない、しかし間接的に扱ってきたテーマが溢れていて、読みふけってしまった。初めて長谷川学級に入ってきて、この合唱を創り上げる過程で一番泣いた女子の文章を紹介する。

郡市大会が終わりました。

県大会出場というよりも、皆で、何度もぶつかり合った仲間で歌えた。これが一番の思い出です。

皆には感謝の思いでいっぱいです。去年私がしてしまった後悔を、今年は果たすことができました。

ステージの上ではやはり緊張しました。

でも、感謝の思いと、事件を乗り越えてきた仲間と歌えることがとても楽しく思えました。

小学校から今まで、クラスで楽しくて笑ったという思い出が少ない私には、とても感動的なものになりました。あきらめなくて良かったです。

県大会に行くことができなくても、その目標を達成しようとする過程で皆が皆成長できたと思います。

何か一つを頑晴《がんば》ってみるという経験がなかった私たちに長谷川先生は、重要なことを教えてくださいました。

本気で何かを為し遂げる素晴らしさ。

私にもできるんだ、俺にも僕にもやればできるんだ、という無限の可能性にも気づくことができました。

残り少ない日数、合唱で学んだことを生かせるか。楽しみです。最後に、私たちを見守ってくれた保護者の皆様、長谷川先生、先生方、学年の皆、そして3Aの仲間、ありがとうございました。私はこれからも色々なことを色々な場面で顔晴っていきます。

（注　長谷川学級では当時、「頑張る」を「顔晴る」と書いた。）

「学級を見捨てた」後悔を行動で克服した彼女は、母校のために全力で働く一人に成長した。

二　味わったことのないレベルの感動を味わわせる

二〇一三年九月、体育祭直前。

学年学級問わず生徒指導と不登校対応に関わった。毎日喜怒哀楽いろいろとあった。

本番前日、「学級全員長縄」（いわゆる「みんなでジャンプ」。学級全員で一斉に跳び、回数を競う）の練習は五日目。

三回跳んで、107、113、97回。五日間でここまで到達するには、当然ながら、四月からの「手入れ」が要る。練習ではない。心構えである。そして、意図的な集団づくりである。

中三である。部活から離れて久しい。中には肉離れ、膝の故障に耐えて跳んでいる生徒もいる。そんな中、予行演習で120回を達成した。

全校生徒から拍手が湧いた。本人たちももちろん大喜びだった。

私は、下級生に夢の種を蒔けたことが嬉しかった。

嫉妬のない複数の先生から、感動した、こんなのは初めて見た、と口々に言われた。終了後校長に呼ばれ、学校安定の柱が長谷川の学級だと言われた。いろいろな子がいますよ、と笑って応えた。

生徒指導主任、学年主任、コーディネーターを務めつつの、飛び込みの三年担任。自分の学級に関わる時間は限られている。担任に専念していた時代の半分以下である。

それでも事実で示せているのは、ひとえにTOSSで学び続けているからだ。

体育祭本番。担任している中三だけでなく、私にとっても最後の体育祭。

学年内でも、全校でも、優勝した。

長縄は勤務校史上最高記録の131回を跳んだ。

子どもたちに教えたとおり、100回を超えると、会場全体が静まり返った。

縄が地面にぶつかる音と、子どもたちが回数を数える声。それだけが響き渡る。

132回で引っかかった瞬間、大歓声。男子も女子も抱き合って喜ぶ。泣く。同時に、倒れこんだ男子二名。ひとりは感情が爆発、咽《むせ》び泣いた。ひとりは膝の故障で、痛み止めを打って出場。苦痛に顔が歪む。周りが次々と介抱した。

卒業生やその保護者、現在担任している生徒の保護者が一人また一人と感想を報告に来た。

卒業アルバム用写真を撮りに来た、六十代のプロカメラマンが言った。

「何十という学校に撮りに行ったが、こんなにも感動する体育祭はなかった」

生徒が作った目標、「全員参加で、完全優勝」。本日達成。帰りの会で、子どもたちは次々と感想を発表した。涙を流している者も複数いた。

私はまたひとつ、人間の可能性を見た。またひとつ、教育の偉大さを見た。

この年の卒業期、生徒会誌や卒業文集には、「長縄131回」の言葉が随所に見られた。

「あんな感動を味わったことはなかった」「仲間と力を合わせて目標を達成したことを、一生忘れない」

この体育祭で子ども同士の絆は一段と強くなり、解散までの日々がいっそう充実したものとなった。

感動が、人を成長させるのである。

三　すべての生徒に光を当てる学年演劇の創造

卒業期の「一生の思い出づくり」の活動として私が勧めるのはただひとつ。

「卒業公演」

である。

卒業生が全員で演劇をつくり、演じる。

のである。

私は三年生を送る会（三送会）を活用する。一、二年生に向けて、卒業式の姿と共に残す最後の贈り物として、上演する。

三送会を企画する際に私が意図するのは、大きく次の四点である。

1　在校生が手作りの活動で卒業生に感謝を伝えること。
2　活動を通して、在校生の企画力、実践力、団結力を向上させること。
3　卒業生が手作りで、全力で、自分たちにできる最高の活動を在校生に示すこと。
4　活動を通して、卒業生の企画力、実践力、団結力も向上させること。

最も重要視するのは、「卒業生の、最高学年としてのエネルギーを爆発させ、中学校に文化を遺させること」である。

しかし、卒業生に活動をさせることに関しては抵抗が大きい。確かに、準備期間である二月後半は、入試が幾つも重なる重要な時期である。その時期に「何かを生み出す、作り上げる」活動をさせるとなると、教師にも生徒にもそれ相応の覚悟が要る。

準備に使える時間もきわめて少ない。

職員からも「三年生を送るための会なのだから、三年生が何かをする必要はない」という意見が当たり前のように出される。

制度の壁。
物理的な壁。
意識の壁。

このような壁を幾つも乗り越えて「卒業公演」を実現する。

困難であればあるほど、乗り越えた感動は大きい。だからこそ、「一生の思い出」になり得るのである。

四　涙、涙、のフィナーレ

ある年、三月十一日が三送会であった。その日の早朝、私は次の文章を綴った。

五時間後、卒業公演。

インフルエンザで急遽十数名が欠ける中、「それでもやりたい」という生徒たちの声を受けて、やる。

ゆうべは深夜まで、そしてこの早朝にも、生徒たちは「罹患したA君の役はB君が、Cさんの役はDさんがカバーします」等と対応策を打ち出し、動いている。

三日後が卒業式である。これ以上の感染拡大は避けたい。

学校としても覚悟を迫られたわけだが、昨日まで学年閉鎖であった二年生の持ち時間をカットし、十二時終了とすること、全員マスク着用や控室の準備、体温計測所の設置などの手を打ち、実施することとした。

一年生担任が発言した。

「今の三年生たちの姿を、少しでも長く、一年生に見せてあげたい。あんなに学校を思って活動する子どもたちは、いないから」

二年生に割り振られている会場準備を、一年生がやってくれた。足取りや表情に、三年生への期待が表れていた。

そういう気持ちに応えるためにも、卒業式だけでは、足りない。

学級の子どもたちの動きが、卒業期の三年らしくなっている。日記の内容も、磨かれたものとなっている。

「この取り組みを為し遂げなければ、卒業なんて形だけになってしまう」

「この活動がなかったらと考えただけでも、恐ろしい」

「最後に、母校に尽くしたい」

子どもたちの言葉である。

当初のキャストとだいぶ異なる形で、しかもそれもまたこの三日で次々と変わりに変わって、当日を迎えた。

ひとりで何役も引き受けた子もいる。

監督役の生徒も今朝ようやく復帰する。

皆、当然、練習不足である。

それでもやる。

うまい・へたなど端から問題にはしていない。それ以上に大切なことがある。

子どもたちはそれを、わかっている。

この子どもたちは一年生の三月に学級演劇を、二年生の三月に学年演劇をつくりあげた。そして卒業式を目前に控えた三月。中学校生活、いや人生最後の演劇に挑んだ。「田中正造～水の中の谷中村～」である。

実質的な練習は三月の合格発表後のたった七日間であった。それぞれの高校で合格発表を見、戻ってきた生徒から練習を開始していった。

土日には、私の部活指導の時間を避けて自主練習が組まれた。合格を手にし、羽を伸ばしたいであろう三月に、二日間でのべ八十名を超える生徒が体育館に集い、練習に励んだ。歌い、踊り、演じるを繰り返した。

本番は、大が十個付く成功であった。撮影に入っていたテレビ局のカメラマンが「度肝を抜かれた」と表現するほどの出来だった。

最終幕では子どもたちも保護者も教師も涙を流した。私も、泣いた。拍手が鳴り止まなかった。

三年前に卒業した、目の前の子どもたちと同じように三年間演劇活動に挑み続けた学年の生徒たちが十二名、この卒業公演を見に、自分たちが蒔いた種のその後を見に、サプライズで集まった。他にも九名が来たいと言ったが、卒業式と重なったのだという。同僚が驚いていた。私も驚いた。

会の終了後、囲まれ、話した。全員、進学と就職が決まっていた。卒業生の一所懸命な姿と、客席の在校生の態度に対する彼らの言葉が、深かった。

卒業期の三年生が、脚本をつくり、練習に練習を重ね、本気の演劇を通して後輩と保護者と職員にメッセージを送る。

この卒業公演が、

生徒による、生徒のための学校文化

となり、生徒を育み、学校をつくっていく。

7 部活動で行う積極的生徒指導の実践事例集

一　喜びと、悔しさと

以前、翔和学園の伊藤寛晃《ひろあき》先生と呑んだ際、サッカー指導が話題に上った。

伊藤先生は週末に少年サッカーの指導をしている。

少年たちへの指導の考え方に、私の部活指導と重なるところが多くあり、素直に嬉しかった。

キーワードは喜びと悔しさだ。

伊藤先生の指導する小学一年生は、挨拶・返事・後始末はどの学年よりもきちんとする。指導者が指導するから、そうなる。

その土台の上で、個々が伸び、チームが成長する。

たったの六歳、七歳が、試合に負けると男泣きするという。

練習にも自主練習にも真剣に取り組んでいるからこそ、悔しさも人一倍なのだ。

負けても悔しさを感じない、感じても一瞬後には忘れて呆けている。そういう子どもは、中学校にも少なからず存在する。彼らは例外なく、モノにならずに終わる。

真剣に練習し、真剣に試合をし、格上の相手に追いつき、追い越す。勝った瞬間の喜びは格別だ。中学生も、泣く。

二　努力は報われるという体験を一つでも多く積ませたいから、部活指導をする

私は部活がある日はほぼ毎日、中学生と一緒にサッカーをしている。終末のゲームもほぼ全力で走り回る。

三時間で全身汗だく、クタクタだ。夏休みは、午後は仕事にならないから、帰る。

ある夏のU－15（十五歳以下）高円宮《たかまどのみや》杯地区決勝。他校のヤンキーに引っ張られて脱落しそうになっていた三年男子一名も、事前に連れ戻した。やり切らせれば、気付くこともあるだろうからだ。

ある日の私の日記である。

すでに気温は三十五度。グラウンドは照り返しで四十度以上。

本日これからU－15高円宮杯四試合目。

明日が地区決勝。上のトーナメントに進むことは決定している。子どもたちは体力と精神力とを試されている。大人もまた同じ。

中学において、部活指導は生徒指導の重要な柱。

良い悪いは別として、学年外の生徒に、部活でなんとか生きている子どもたちがいる。

彼らの生きる場を充実させるために、土日も働く。

（中略）

地区決勝、終了。中学総体で勤務校を破り、県大会でも浦和区の中学校を相手に善戦したチームに、二年間で初めて勝利した。４対2だ。

個の力は確実に相手が上。こちらは組織力で勝負した。

子どもたちにとって初めての優勝。大きな感動を味わっていた。見ていた一、二年も、泣いていた。

良い経験を積ませてやれた。

次は県。また、明日から。

世の中には、努力しても報われないことの方が多くある。

だからこそ、報われたという経験を一つでも多く積ませたいと私は考える。

部活動は、そのチャンスの一つである。

たとえ小規模校で、その割に部活数が多く、人数が分散して大会参加ぎりぎりの人数であったとしても（サッカーの場合、七名以上）、私たちは諦めない。

以前、八名で試合に臨み、勝利を手にしたこともある。

試合が進むにつれ、他校の保護者たちから、応援の声が上がった。試合後には拍手が湧いた。子どもたちにとって、忘れられない瞬間となった。指導者である私にも、である。

三　長谷川氏の教育研究サークルメンバーによる部活動参観記

1　尾堤直美氏

（1）常に冷静沈着

五月六日、長谷川氏の部活指導を見学した。U－15地区予選の日だった。

長谷川の教育研究サークル（以下、サークル）メンバーや知り合いの先生から話を聞いたことがあったが、実際に見て、自分の指導の在り方や子どもとの対応について考えさせられた。

たとえば、試合中、相手校の監督は次から次へと指示を出していた。しかも、大きな声で、である。監督も熱くなっていて、プレーによって一喜一憂していた。

以前、自分がバレー部の顧問だったときのことを思い出した。試合中に様々な指示を出していた。練習でできていないことが試合でできるはずがないのに、高い要求をしていた。いいプレーにはその場で手を叩いて喜んだ。相手のチームに配慮することをしていなかった。点数を決められてしまった時やミスがあった時には「あぁ～！」とがっかりした顔をしていた。相手校の監督の姿が、かつての自分の姿と重なって見えた。

一方で、長谷川氏はずっと冷静沈着であった。じっと子どもたちの動きを見つめていた。なぜそのようなプレーをするのかを分析していた。個々の生徒の癖を完全に見抜いていた。

点数を取られてしまった時には、具体的な動きのミスを指摘し、代替行動を教えていた。休憩時間には、キャプテンを連れてグラウンドに行き、指導内容を細分化して、スモールステップで指導していた。

(2) 日常生活が土台にある

長谷川氏のチームの生徒は、落ち着いてプレーしていた。いいプレーをした時もミスをしてしまった時も、表情が大きく変わることはなかった。自分の感情をコントロールする力が備わっているのだろう。

試合終了後、長谷川氏に言った。

「高篠中の生徒は穏やかですね」

すると、長谷川氏は次のように言った。

「学校が落ち着いていて、フェアプレーを教えているからね」

必ずしも運動能力が高いチームが勝つわけではない。チームの総合力や日常生活の質も勝敗に大きく関係することを実感した。

高篠中は、練習試合をした学校から、「もう一回(練習試合に)来てくれませんか」と誘われると言う。礼儀正しく感謝の気持ちを行動で示すことができるので、相手校にとって気持ちがいいのである。

第二試合終了後、他の二校は片づけをしないで帰っていった。ものすごく広いグラウンドを高篠中だけが整備することになった。

ここにも、顧問の生き方がはっきりと表れている。教師として、人間として、恥ずかしい生き方はできない。

長谷川氏が片づけの指示を出すと、休憩をとらずに子どもたちは一目散にグラウンドに向かって走りだした。

翌日の子どもの日記に、片づけについて次のことが書かれていたという。

「一、二年生のときだったら、僕は絶対に文句を言っていた。しかし、誰一人として文句を言っていなかった」

日ごろの鍛え方が違うのだと感じた。

長谷川氏も、すぐさま整備用のトンボをもって練習用コートに足早に向かった。他の仕事を終えた生徒も長谷川氏の後について整備していた。

率先垂範とは、ここまですることなのだと初めて知った。自分のイメージとかけ離れていた。子どもたちの行動を変えるためには、自分の行動を変えることが先だということを再確認した。

三名の男子生徒が長谷川氏のところにやってきて、「トイレ清掃をします」と申し出た。高篠中サッカー部では、トイレ清掃が習慣になっているのである。

長谷川氏が部活指導において、挨拶、返事、後始末を最も大事にしていることが、子どもたちの行動から十分に伝わってきた。

(3) 面倒見の良さ

長谷川氏は、朝八時から十三時までずっと動き続けていた。トイレ休憩以外、全く休んでいないことに驚いた。

第一試合終了後、子どもたちに休息を取らせながら、長谷川氏は相手校の試合を見て作戦を考えていた。

また、一年生のために練習時間を確保していた。やってみせ、やらせてみて、褒める指導をしていた。

なぜそのようにするのか、趣意を語りながら、一つ一つ丁寧に教えていた。

このような指導を毎日つきっきりで行っているからこそ、子どもたちは長谷川氏を信用し、自らの行動を変えていくのである。

どこまでも徹底的に練習に付き合う姿勢、面倒見の良さ、丁寧な指導、すべてが学びだった。

(4) 気づかせ、考えさせる

「今、○○にパスを出したいよね」

「○○、中継してこい」

「○○、前のスペースが空いているときは自分で運んでごらん」

長谷川氏の指示は、きわめて短く具体的である。必ず生徒の名前を呼び、瞬時に、一点に絞りアドバイスを出していた。

後半、疲れが見え始めて子どもたちの動きが鈍くなってきたときには、次のような声をかけていた。

「今、休むところじゃないよ」

「今、疲れている、みんな同じ」

「自分のポジション、責任を果たせ」

長谷川氏は、淡々と子どもたちの行動を評価している。やるべきことをせず、さぼっているときには、厳しく言う。

子どもたち一人ひとりに気づかせ、考えさせる指導を継続しているからこそ、三年生は自ら時間を惜しんで練習に取り組むようになるのである。

長谷川氏の部活指導は、生き方指導である。その土台には日常生活の向上がある。

子どもたちが部活を引退しても、その後の人生にも生きていくような指導を見習い、積み重ねていく。

2 内海淳史氏

本日、長谷川先生の勤務校のサッカー部のU－15地区予選を秩父で見学させていただきました。

二試合あり、二試合とも勝利でした。

長谷川先生の部活指導からの学びを書きます。

一言でいうと、目から鱗でした。

実際に自分の目で見て、感じたこと気づいたことがたくさんありました。

長谷川先生は、午前から二時近くまで、一度も休憩を取らず、トイレに行く程度で、常に動き回っていました。椅子に座っているのは、試合中のみでした。

まず、そのことに大変驚きました。

試合に出た子どもたちには、休憩を取らせながらも、長谷川先生ご自身は休むことをしません。

私は、このような監督を見たことがありません。

半日炎天下の中での試合で、長谷川先生は一切疲れを見せず、誰よりも早くコートに向かっていました。

常に子どもたちとずっと一緒にいました。

一試合目が終了した後、一人の生徒とコートに立ち、その場で実技指導をしていました。

二試合目の試合に備えて、他校の試合を見る時も、長谷川先生が子どもたちの中心にいて、子どもたちと相手のプレーを分析して一つ一つ教えたり、子どもたちは自由に意見を言っていました。

子どもたちに「質問があったら、なんでも言ってね」とおっしゃっており、その光景から、生徒との信頼関係が伝わってきました。

試合がない時間は、一年生の練習をつきっきりで行い、実演を交えて個別指導をしていました。

長谷川先生も一緒にサッカーをしていました。

日頃二時間近く子どもたちと一緒に練習していると聞いていましたが、実際に目撃すると、面倒見の良さや丁寧な指導に驚きます。

最後のコート整備の場面が特に印象的です。

子どもたちがベンチを片づけたり、トイレチェックに行っていたりする間、長谷川先生は、練習用コートの整備を一人で始めました。その姿を見て、一人二人と子どもが集まってきて、長谷川先生と同じことを始めました。長谷川先生は何も指示を出していないのです。

その様子を見ていて、率先垂範のイメージが、自分の中で確かなものになりました。見なければわからなかったことです。

長谷川先生が子どもたちにかけていた言葉を書き出してみます。

「サンキュ、サンキュ」
「〇〇、ナイスガッツ」
「〇〇、ナイスチャレンジ」
「〇〇、ナイスフォロー」
「〇〇、ナイスシュー」
「〇〇、ナイス判断」

など、名前を呼んで褒める場面が多くありました。

「周り、もっと寄れ」
「ライン上げろ」
「攻めろ、攻めろ」
「〇〇、ディフェンスしろ」
「焦る必要ないよ」
「もう一回攻撃パターンを作れ」

など、短く具体的な指示が出されていました。

二試合目終盤、子どもたちの動きが鈍くなってきたときの「今、休むところじゃないよ」「自分のポジション、責任を果たせ」という言葉も、あたたかいです。

「運動量あがってきているよ」からも、子どもたちの頑張りを認めていることが伝わってきました。

子どもたちは、真摯《しんし》にプレーをしていました。

穏やかな表情が印象的です。

試合中も、自分の気持ちをコントロールできている生徒が多いように感じました。

長谷川先生が試合中、冷静沈着で、子どもたちのプレーを細分化して分析をしながら、一時一事の指示を与えていることがよくわかりました。「授業の原則十カ条」（『授業の腕をあげる法則』向山洋一著）が貫かれていました。

子どもたちの礼がとても美しかったです。

（私の勤務校では、体育の授業でも、集会でも、礼が先で、言葉が後です。自分の学級でもそうでした）

長谷川先生は、保護者にもレフェリーにも立ち止まって挨拶をされていました。その姿が子どもたちにも引き継がれているのでしょう。

試合中、ボールがコート外に出たときには、長谷川先生が全力で走って取りに行く姿があり、長谷川先生のすごさを感じました。

片付けの時、三名の生徒が長谷川先生のところにきて、「トイレ掃除に行ってきます。いいですか」と許可を取りに来ていました。子どもたちの行動に感動しました。長谷川先生から、何も指示をしていないことを聞き、挨拶、返事、後始末ができる生徒に育っていることを知りました。

会場の片付けも、長谷川先生の勤務校の生徒だけが行っていました。疲れているはずなのに、速やかに走って移動し、自ら考えて行動していました。

長谷川先生の部活動指導から学んだことを必ず活かします。

長谷川先生は全て無意識でやっているとおっしゃいますが、私は意識しないとできません。

まず自分の行動を改めます。

3　星野優子氏

(1)　長谷川先生の学校は圧勝でした。

ゴールするたびに、ベンチに座っていたコーチや、副顧問の先生がガッツポーズで喜ぶ一方、長谷川先生は大きめに手を二、三回叩いただけで、あとはほとんど声をかけませんでした。「よくやった！」「いいぞ！」などの声もなかったです。

同様に、1点だけ決められてしまったのですが、その時にもコーチ陣は「あぁ～！」と叫んでいたのに対し、長谷川先生は微動だにせずに、コートを見つめていました。生徒たちに何の声かけもありませんでした。

ゲームが再スタートし、一段落した時に、1点をとられてしまったときのプレーについて、特定の生徒に具体的な動きのミスを指摘していました。

「周囲が熱くなっているときに常に冷静にいる」

以前、サークルでも教えていただいたリーダーとしてあるべき姿の一つです。

まさにゲーム中の長谷川先生はそんな感じでした。

(2)　部長の生徒について、以前、お話を伺ったことがありました。

一番プレーが苦手な生徒が部長だということでした。

今日、集合のときに号令をかけていた生徒は、ベンチでのスタート。圧倒的なリードで迎えた後半の最後の方にやっと出場していました。

その生徒は、アップの様子を見ていても、素人目にわかるほどに、運動能力は高くなく、動きも良いとは言えませんでした。

しかし、長谷川氏が試合後に最初に声をかけた生徒はその子でした。

「○○、よかったぞ。よく走っていた」と、背中を軽く叩きながら声をかけていました。

その生徒も、一緒にいたお母さんも嬉しそうでした。

後で少し聞いたお話によると、その生徒は「一番真面目に取り組んでいた」ということで、長谷川氏が指名して部長に任命したそうです。

部長の生徒は、ボールが転がってきたときには率先して取りに走り、メンバーがベンチに戻ってきたときには必ずおしぼりや飲み物を持って迎えていました。

そのことを言うと、「自分ができることを精一杯やれといってあるから。サッカーのプレーで光を当ててあげることは難しいけれど、そういう子にも光を当てるのが中学校の部活動だよ」と長谷川氏はおっしゃっていました。

もちろん、その生徒も体力面、技術面も向上しているとのこと。

「全員」に光を当て、成長を保障する。

リーダーに対する信頼感がこうやって生まれていくのだと感じました

4 横田泰紀氏

(1) いざ！ 見学へ！

当日、会場に七時頃到着。サッカー部は、すでにライン引きを終え、試合に向けてコートを作っていた。副顧問が一緒にいたのだが、ほとんど指示は出していないように見えた。自主的に動いていたのが印象的だった。

さらに、驚いたのは、

サッカー部全員で石拾いをしていたことである。

生徒は広いコートに散らばり、足元にある石を探していた。その光景に感激した。長谷川氏が到着していないのに、ここまで出来るのは、生徒たちの意識が高い証拠である。長谷川氏の普段からの指導が行き届いている。生徒たちのその姿を見て、きっと良い試合をするのだろうと感じた。

長谷川氏は到着するとすぐ、配車をしてくれた保護者の元へ走った。明るく笑顔で、保護者へ挨拶をし、本日の試合の日程を話した。セミナーで見る長谷川氏のままだった。生徒も長谷川氏の到着に気づき、しっかりと止まって挨拶をしていた。私たちにもしっかり挨拶をした。改めて近くで生徒たちを見た。会話はしていないが、生徒たちの表情から素直な様子が伝わってきた。

長谷川氏がベンチに入ると、そこには、

生徒たちの荷物がしっかりと揃えてあった。

ブルーシートの上にエナメルバッグがビシッと並べてある。強い部活は、バッグを揃える所から始まる、と言われているがまさにその通りだった。

その後、生徒たちは本部席の準備を始めた。長谷川氏は、自らベンチを持って生徒たちと一緒に準備をしていた。

八時になり、選手たちが長谷川氏の元へ集合した。長谷川氏はアップの指示を出した。グラウンドをどのように使ってアップをするのか、具体的に指示を出していた。そのような具体的な指示を出さないと、アップはスムーズに進まない。生徒がその都度アップの中身などを考えていると流れが止まってしまう。

準備体操が終わり、ボールを使ったアップが始まった。

一通り生徒の動きを確認すると、長谷川氏は集合をかけた。

練習の目的を再確認させた。

長谷川氏自らが動き、悪い見本を例示した。

「何が出来ていない？」と生徒に聞き、「指名なしで言ってごらん」と指示を出した。

答えをすぐには教えず、生徒に考えさせた。アップを再開すると、長谷川氏はすぐに生徒の動きを褒めた。しっかり名前を呼び、個別評定をしていた。

私は、このアップ中に長谷川氏の器の広さを改めて痛感した。それは、

一年生にもしっかり教えていたことである。

U－15は、二・三年生の大会である。一年生は、試合には関係ないし、出場することの方が少ない。この時期、顧問は上級生に付きっきりで、一年生への指導はしないのが普通だ。

しかし、長谷川氏は二・三年への指示を出した後、一年生を集めて丁寧に指導をしていた。これには驚いた。長谷川氏は常に全員成長を意識しているのである。自分には全く出来ていなかったことだ。

(2) 常に生徒の中へ

一試合目が終わると、次の対戦チームを分析していた。これは、大体のチームがすることである。しかし、私が驚いたのは、次のことである。

長谷川氏が座ると、生徒たちが長谷川氏の周りに座り始め、自然と輪が出来たのだ。

長谷川氏の近くに座った二・三年生に長谷川氏は、どんどん意見を出しなさいと指示を出した。会話を楽しみながらアドバイスを次々に教えていた。長谷川氏は、本当に笑顔で楽しそうだった。生徒たちも長谷川氏の言葉に耳を傾けていた。その光景を見ながら「ここまでしていいのだ」と何かが吹っ切れたような感じがした。自分は今まで、生徒たちとの距離を意識的にとってしまっていた。あまり近づきすぎると簡単に自分の壁を越えられそうで嫌だったのかもしれない。しかし、長谷川氏の姿を見て、自分のやり方を少しずつ変えていこうと思った。

(3) 長谷川氏の統率力

怒ったり怒鳴ったり嫌味を言うことなど一切ない。とにかく冷静に試合を見て、選手に指示を出しているのが印象的だった。しかも、長谷川氏の出す指示は、具体的で分かりやすい。サッカー経験者ではない自分でも聞いていてどのように動いたら良いのかがわかる。さらに、長谷川氏は、必ず名前を呼んで、誰に指示を出しているのかを明確にしている。

また、指示と同じくらい出しているのが、「褒める」言葉である。特に、「ナイスチャレンジ！」という、声掛けは試合中何回も発していた。結果よりも過程を大切にしている長谷川氏のスタイルが伝わった。

長谷川氏は、常に生徒の先頭を切って自らの行動で示していた。最後のグラウンド整備では、長谷川氏自らがトンボを持ち、先頭でかけていた。「生徒の三倍、教師が動く」講座やセミナーで良く聞く言葉である。まさに、この言葉通りの行動であった。

このような長谷川氏の言動や行動が統率力となるのである。統率力とは、権力や脅しで得るものではない。長谷川氏の部活指導を見て改めてそれを強く感じた。貴重な経験をさせてもらった。自分自身も行動で示せる教師でありたい。

四　長谷川が部活指導で心掛けていること

新卒一年目、剣道部顧問を命じられた。二年目から五年目はソフトテニス部男子顧問。六年目以降はサッカー部の顧問を務めてきた。私は休みなく部活指導をする、というタイプではない。大会前を除き、土日のどちらかは活動するが、もう一日は必ず教師修業に充ててきた。授業の腕と学級経営の腕を上げるための勉強をしてきたのである。

部活指導に没頭すると、その部活の数十人を幸せにできる可能性が高まる。

授業の腕を上げれば、担当する学年の全生徒、時には他学年の生徒をも幸せにできる可能性が高まる。

私は全体最適を目指す。

ゆえに両方に力を注いできたのである。

時には保護者から「もっと練習試合を組め」等のクレームが寄せられたこともある。「サッカー部は休みが多い」と陰口を叩かれたこともある。

だが、私は揺るがない。教師の本業は授業と学級経営であり、そこで結果を出すことの方が部活で結果を出ことよりも大事だという信念があるからである。部活をせずに遊んでいるわけではない。こちらは部活指導以上に大切な活動に取り組んでいるのだ。卑屈になる必要もまったくない。

部活指導ではテニスが団体で県ベスト8、サッカーが県ベスト32。目立つ戦績は挙げられていない。

だが国語の指導と学級経営では、人並み以上の指導ができるようになっている。県内外の小中学校への飛び込み授業や、千名が参観する中での授業も複数回経験しているが、初めて出会う子どもたちを相手にしても、恥ずかしい授業はしない。

国語指導でも学級経営でも部活指導でも心掛けていることがある。

それは、

一番苦手な子ども、一番課題を抱える子どもも、最後までやり甲斐をもって取り組めることである。

十四年間で退部者ゼロ。落ちこぼれて参加しなくなった者もゼロ。

この事実が、私の誇りである。

❽ 自己肯定感の高まった生徒たちの、卒業期の姿

一 卒業式当日、生徒の言動が教育の成果を如実に表す

学級の全員が文字通り号泣して卒業していったという経験を、私は現任校で初めて体験した。

初任校で二度卒業生を送り出しているが、大勢が泣いたり、数名が号泣したりという事実はあっても、「全

員が号泣する」までのことはなかった。そもそも、中学生の男子がなりふりかまわず号泣するというイメージ自体が、私にはなかったのだ。

卒業式の夜に綴った日記である。

「先生、留年てできないの」

「どうして」

「一年、やり直したい」

朝、A男が言った。

卒業式を終えた。

涙を流す子どもたちは三分の一ほどだった。なぜか。

合唱を歌うためだ。

他の子どもたちは、歯を食いしばって、涙を堪えていた。

「旅立ちの日に」を、後輩に、保護者に、教師に、聴かせるため。

「こんな合唱は初めて聴いた」来賓の議員や教育委員が口々に褒めて帰ったという。

（夜の慰労会で、「感動して涙が流れた」と言った町会長、議員がいたことを知った）

そのくらい、すさまじい迫力だった。

退場。体育館から教室に戻る。誰も、一言も口を聞かない。

二十五分間の最後の学活。

「合唱をしたいのですが、よろしいですか」

学級委員が許可を求める。

「もちろんです」

文化祭で歌った二曲。歌いながら、次々に泣き出した。女子はもちろんのこと、A男ほか何人もの男子が号泣していた。

合唱を引き取って、私が歌った。ギターを弾きながら歌った。

でも、嗚咽で歌にならない。

子どもたちの号泣がいっそう大きくなる。「先生、先生」と泣いている。

A男も、T男も、全員が、泣いている。

あれだけの号泣を見るのも聞くのも、初めてのことだった。

外で待つ保護者、下級生たちが何事かと寄ってくる。おかまいなしに、やった。

最後の言葉を伝え、学級を解散した。

門出式。笑顔で花道を歩いた。

後輩と教師のつくる道を歩み終えた子どもたちは、また泣いていた。

保護者が集まってきて、次々に写真を撮る。

隣の学級の保護者にも、お手紙を下さる方がいた。ありがたいことだった。

終了後、子どもたちはバスに乗車し、保護者との昼食会に向かう。

T男がひとりぽつんと帰っていく。親に参加費を出してもらえなかったのだろう。

昼食会の責任者（保護者）を見つけ、「一人追加してください」とお願いする。

バイキングなので可能、とのこと。参加費を渡す。

「最後なのだから楽しんできなさい」T男は少し照れた顔をして、バスに乗り込んだ。

A男は乗らない。「車で行くから」という。

クラスの子どもたちが車窓から名を叫ぶ。「だいじょうぶ！　車で行くから！」と返す。

なぜA男は乗らなかったのか。その後すぐに、わかった。

子どもたちを乗せた二台のバスを見送り、職員室に戻ろうとした。その時、A男が歩み寄ってきた。

「これ」

手紙だった。

私にこれを渡すために、バスに乗らなかったのだ。

養護教諭が言った。

「ゆうべは、手紙を書いていて、一睡もしていないんだって」

三年間心の底に積もった澱《おり》が、一瞬にして消えうせるのを感じた。

学級全員がそろって卒業。

また一つ、夢が叶った。

二　教師の成長が子どもの成長を規定する

以前と今回と、その違いは何なのかと考えた。

子どもの成長は教師の成長に規定される。

子どもの変容は教師の実力に規定される。

よって、違いが生まれた理由の第一は、私の実力が向上したことである。目の前の子どもが私を鍛えてくれた。

実力の向上によって実現したことがある。

二年前に卒業させた子どもたちは、私にとってこのような存在だった。


学校立て直しを志し、喜怒哀楽を共にした同志たち。

子どもたちを、同じ志のもとに行動する「同志」の域にまで教え育むことができたのだ。
入学式のその日、私は初めて会った子どもと保護者を前にして、「君たちと私がこの学校を立て直し、日本一の学校にするんだ」と語った。「君たちが最上級生になった時、この学校はどこに出しても恥ずかしくない中身を持った学校になっている」と宣言した。
そして、その目標を目指して、たった一人で走り始めた。
私の為すべきことは一つ。

全員参加・全員本気・全員成長をあらゆる場面で貫くこと。

そのために、すべての子どもにスポットライトを当てること。

これこそが、中学校を変革する最大の活動だと信じた。
能力の高低とか、才能の有無とか、発達障害だとか「手に負えない荒れ」だとか「引っ込み思案」だとか、そんなものは関係がない。

全員と言ったら全員だ。「たった一人の例外もなく」だ。

毎日、毎日、格闘した。すぐに結果が出ることはほとんどなかった。学力の立て直しも生活の立て直しも、多くは、やってもやっても思うような結果を得られないものであった。

「教育は格闘技である」向山洋一

千日間、まさに格闘の連続だった。

その格闘の相手は、子どもたちの背負う「事情」であり、そのことから来る「荒《すさ》み」であり、「規範意識の低さ」であり、「生きる気力の低さ」であり、「向上意欲の低さ」であり、そして「人間関係の希薄さ」であった。

たった一人で始めた「改革」。時を経るにつれて、一人、また一人と共鳴し動いてくれる子どもたちが現れた。保護者の中にも、私との「共汗関係」（共に汗を流し行動連携する関係）を築いてくれる人がぽつぽつと出てきた。

二年後の秋、生徒会本部役員選挙の頃には、「立会演説会」で「この学校を改革する！」「秩父一の学校にします！」と述べる子が二桁になった。幾つものイベントを経て、同志は確実に増えていった。

そして三年次。三送会での卒業公演を実現した。

三送会翌日は卒業式前日であった。子どもたちは一時間の企画を立てた。

前半はドッヂボール。入学して初めてやったレクリエーションを、最後の瞬間に持ってきた。男女入り乱れて、汗をびっしょりかいた。

ドッヂボールが終わると、学級委員の指示で、子どもたちが私を囲むように半円をつくった。「指名なしスピーチ」が始まった。「涙は明日に取っておくんだからね！」「笑顔でね！」互いに言い合っている。

一人また一人とスピーチをしていく。シーンとした体育館に、スピーチの声とすすり泣きの声だけが響いていた。ビデオに収めた。「二十年後に見よう」そう約束した。

不登校状態から立ち直り、リーダー格に育ったある男子は、卒業前夜、日記にこう書いた。彼らの背負っているものの大きさと重さがわかるだろう。

今までをふりかえる。いろいろな事があった。

小学校に入学し、僕は本当に悪ガキで、

先生に何回も怒られ、なんでもかんでも暴力で解決していた。

何もしていない子をすぐに殴ったり、蹴ったり、口で言われても、男女関係なく暴力をふるっていた。

一年生なのに反省文まで書かされた。

二年、三年、四年とどんどんエスカレートしていった。

先生がいないところでは何もしない。好きなことしかしない。

休み時間にチョークを全部割ったり、ホチキスを人の頭にかけたりしていた。

友達の手をカッターで切り、すごい傷を負わせたこともある。

本当に、本当に悪ガキだった。

中学にあがり、一言、家で言った言葉。

「周りと話すと疲れる」

なぜかというと、「レベルが低く、話しても意味がないから」。そう言ったそうだ。

そして長谷川先生を見て、僕は、すぐに何かを感じ取ったのを覚えている。

なんか、すごい事を成し遂げそうな、自分をみすかされているような感じだった。

そして先生をずっとライバルとして意識していた。

とくに行事では、本当に負けたくなかった。

家で言っていた言葉は、「なんで長谷川学級は皆しっかりやるの」「絶対に負けたくない」。

いつも言っていたそうだ。
一、二年、先生にライバル意識を持ち、生活していたのを覚えている。
先生は何でもお見通しであり、いろいろ知っていた。

誰かが何かをしている時、ふと思い周りを見渡す。

その時、遠くで先生が見ている。

僕は、「先生、手強いな」と正直思ったこともある。

そして自分を見抜かれないよう、慎重に生きていた。

今ではばかみたいな話だ。

三年になり、長谷川学級になった。

正直初めはいやだった。

だが、だんだんと長谷川学級の良さを見つけたりして楽しくなった。

三年になって言った言葉は、「周りのレベルが上がってきて大変だ」だそうだ。

でも楽しかった。

先生の話す内容もとても濃く、むずかしく、考えさせられる。

本当に楽しかった。

三Aに入ることができ、よかった。心からよかった。三Aでなかったら、今の僕はいません。

体育祭、文化祭の合唱、あんなに感動できたのも三Aだったから。

僕にとってかけがえのない存在です。

後二日。なにができるか考え、行動していきたい。

三年間担任した女子。中学校生活最後の指名なしスピーチは彼女の提案だった。

もう明日で卒業。思い出すだけで涙が出そうになる。

一年の時、私たちは本当に問題のあるクラスだった。

私もその一人で、よく怒られ、みんなに迷惑ばかりかけていた。

そんな時に、長谷川先生が掃除で私を変えてくれた。

その時初めて、悪さをして楽しむのではなく、いいことをしてみんなに「ありがとう」と褒められる気持ちよさを知った。

それに気づいた時には、自分は馬鹿なことをしていたんだなと思った。

その時にクラスを燃やしてくれていた人たちがいたから、私は今日まで冷めなかった。

私は、そんな人たちと出会えて幸せだ。

高校に行けば、そんな人たちは数少ないだろう。

けど自分は燃えていたい。

明日「旅立ちの日に」を精一杯歌う。


卒業前日にこういう気持ちになっているか否か。

卒業式の出来は、当日までの過程で決まる。

それはあたかも、合唱コンクールの「成功」が、結果発表を待たずして「わかる」のと同じである。

四　卒業から三年後のドラマ

ある年の三月末のことである。三年前に卒業させた生徒三名が来校した。三人とも大学への進学を決め、四月には離れ離れになるということだ。その報告に訪れたのだ。ちょうどお昼の時間だった。門出を祝って食事をした。

一人は、中一で担任した女子だ。当時から「先生の主治医になる！」と言っていた。

中二で私の学級から離れた。始業式の日、学級発表を見て泣いていた。

中三の始業式でも泣いていた。

小学校時代に児童会長を務め、周りの子どもたちからすべてを押し付けられ、陰口を言われ、「もう人前には絶対に立たない」と決意して入学してきた。

そんな彼女は様々な出来事を経て、中二の秋に生徒会副会長に立候補した。

そして、当選。学校改革の先陣を切った。

「長谷川学級は二Aだけど、この生徒会本部も第二の長谷川学級だから、がんばります」

どこまでも健気に活動した。

卒業から三年後、彼女は国立大学医学部に現役合格した。「先生の主治医になりますからね！」今日、あの言葉を再び聴けた。

次の一人は、中二、中三と担任した女子である。

前年秋の日本教育技術学会つくば大会に高校三年生の身で単身参加し、長谷川の分科会で発表した子だ。

あまりにも鋭敏な神経と、切れる頭の持ち主。

「私は両親が教員なので、教員だから尊敬する、なんてことはありません」「人間が、嫌いです」

出会った頃は、人間不信が強かった。

共に過ごす過程で、彼女は中学教師になることを決める。

中三の二月、都内の音大附属高校を受験し合格。下宿をしながら通い、そして学会直後に行われた大学入学試験（付属なので秋に試験がある）に見事合格した。今は音大一年生として、私が顧問を務める文教大学学生サークルWEの例会に通っている。学ぶ意欲に溢れている。

「先生、今年の学会は福岡ですよね。お金を貯めて、参加します」

その一言に、驚かされた。

もう一人は、同じく中二、中三と担任した女子である。

小学校時代に酷いいじめを受け、人の目を直視できなくなった。人前で声を出せなくなった。

そんな状況から始まった中学生活で、彼女は少しずつ、少しずつ自信を回復していく。授業で、学級活動で、体育祭や文化祭などのイベントで、一つまた一つと成功体験を積み上げ、自己肯定感を回復させていった。

二年の秋には、学校改革の先陣を切る一人に成長していた。

級友のために、学級のために、学年のために、何度も何度も涙を流しながら、私たちと共に、活動を展開していった。

彼女は医大附属の看護学校に進学する。今人手不足で問題となっている助産師になるためだ。

「人の役に立ちたいんです」

そう語る顔が、眩しかった。

縁あって、絶妙なタイミングで私は彼女たちと出会った。関わり、喜怒哀楽を共にし、そして三人とも、私の同志となった。

同志の絆は、永遠である。

このような事実が山とあり、その一つひとつが逆境にある時、私を支えるのである。

第2章

実録！
生徒指導主任の実践日誌

❶ 暴力行為と不登校を減らすことで、学力向上が進む

一 「放置」を許してはならない

『特別支援教育教え方教室』（明治図書）31号の、杉山登志郎ドクターの論文に次の文言がある。

「学校は多様なニードを抱えた子どもたちにどうやって対応しているのだろう。たぶん、何もしていないのだろうと考えられる事例を外来でしばしば目撃する。これは双方に悲劇である。そのつけが、中学での問題行動の噴火という形になり、そのまま高校に行けない子どもたちにつながる。この負の連鎖が、児童精神科の外来に座っていると本当によく見える。」

ここに書かれている中学校の「悲劇」は、まさに現実である。

そして、中学校でもまた、「放置」を繰り返される。状況は悪化の一途をたどる。高校に進学したとしても、一学期でドロップアウトだ。そういうケースが毎年ある。

ことは進学に限らない。

数パーセントは警察のお世話になることになる。「補導」を超えて、「逮捕」まで行くケースを、私は数年連続で経験したことがある。

教師・保護者、周囲の大人がもっと早く支援を始め、重ねていれば、二次障害を生じさせずに済んだはずなのだ。

中でも特に、教師の「放置」が子どもたちをますます悪化させている。まさに悲劇である。

二　二十一世紀の生徒指導に必要な知識と技術

二〇一〇年度、私は中学三年生を担任しつつ、生徒指導主任と特別支援教育コーディネーターを兼任した。この兼任の経験はきわめて貴重であった。両者の実質的な連携により結果を出せたからである。連携が現在と今後の学校現場には不可欠であると、身をもって学ぶことができたからである。

二〇一一年度、県の方針により生徒指導加配校（生徒指導推進モデル校）の生徒指導主任は担任を持つことができなくなった。私の主な分掌は、生徒指導主任、コーディネーター、一学年主任となった。

六月一日付の人事異動通知書を受け取った。「〇〇小学校教諭を兼ねる」とあった。いわゆる兼務発令である。

埼玉県は二〇一一年度から、小中連携を実のあるものとするべく、この施策をスタートした。これで正式に、小学校での「授業」と、「生徒指導委員会への出席」が、可能となった。

中学教師が、年間を通して小学校に出向き授業をしつつ、生徒指導体制および特別支援教育体制の構築に参画する。その意義は計り知れない（ただし、相手方が受け入れれば、の話である。壁はきわめて高く、険しい）。

無論、従来の中学校教育で必要悪として為されていた「力の生徒指導」に頼る教師では駄目だ。参画しても結果を出すことは難しい。それどころか、小学校教育の美点を汚すことになる。

生徒指導に携わる教師には、大きく言って次の三点が要る。

1　人間の発達に関する深い理解。
2　発達障害・情緒障害の知識と具体的な対応技術。
3　全員を巻き込み、成功体験を積ませ得る授業力。

これらを踏まえた上で、いわゆる「毅然とした対応」ができることが重要だ。ただ闇雲に「子どものわがままを許さない」こと、「要求に屈しない」ことを、「毅然とした対応」だと勘違いしている教師が少なからず存在する。

状況を理解しないまま不適切な対応を続けると、あるいは対応せずに放置すると、早晩人間関係が崩れる。果ては学級崩壊、学校崩壊と負の連鎖が続くことになる。

多くの教師は真面目であり、仕事に真剣であり、学習意欲も高い。

先に挙げた各項目を学ぶにつれて、指導の誤りに気づくようになる。子どもに語る言葉も、送る目線も、表情も、変わっていく。私自身もそうであった。

もちろん、授業も変わる。授業は学校教育の中核であり、生徒指導の土台である。

生徒との関係づくりも、自尊感情の回復と向上も、発達障害児への対応も、第一に授業ですべきであり、また、授業でできるのである。

この考えを基に教師集団が授業力を磨き合うシステムを構築すれば、荒れや無気力を克服できる。

経験上、実際にそうなった。

三　子どもの事実、学校の事実

対人・対物暴力行為の減少、不登校の減少、学力の向上（全国学力学習状況調査、県公立高校入試、NRT〈標準学力検査〉等の数値）。

これらが目に見える形で証明された。

そのことを発表せよと命じられ、先月、公の研修会で発表した。

暴力行為、不登校、低学力。これらは、「たいへんな学年が出て行ったから減少した」のだろうか。否、である。もしそうだとしたら、数年間、十数年間学校が荒れつづけるのはおかしいのだ。そういう学校は、全国に多数存在する。


荒れは、連鎖するのである。


生徒は、上を見て、良きも悪きも模倣する。上が突破した壁は、下も突破してくる。上よりも簡単に飛び越えてくる。

その連鎖を止める手立てを取ったから、連鎖が断ち切られたのである。

手立てのひとつが授業や日常生活での特別支援対応であることは、子どもの事実、学校の変容の事実が証明している。

❷ 学校の安定には「特別支援対応」が必須である

二〇××年四月七日
「特別支援の対応じゃなかったから荒れたんだ！」
「新しく来た先生方にもぜひ学んでもらわなければ、学校が壊れる」

校長先生が言った。

新三年の男子一名が荒れた。衝動性の極めて強い生徒だ。

入学式準備と校内清掃の最中の出来事だった。

相談室に無理やり入ろうとしてドアが外れた。

大きな音を聞き付けて集まった四名の教員。四人とも今年赴任してきた先生方だった。

口々に「直せ」と迫った。男子生徒の言動に腹を立てた方が、腕を強く握った。

それで、彼は切れた。

あちこちを殴る蹴るしながら、学校を飛び出す。

四人のうち若い教師が追いつき、後ろから取り押さえた。

彼はさらに暴走した。電気屋の駐車場にある金属の屑かごを蹴飛ばした。吹っ飛んだ屑かごが車に当たり、ボディを傷つけた。

別件の指導に当たっていた私がそれを知ったのは、彼が出て行って数分してからだった。

すぐに追った。帰ってくる先生方に出くわした。

「担任の先生が追いついて、声をかけながら歩いている」と言う。

その先生ならば、彼への対応が分かっている。

二人が戻る前に、車のことをなんとかしておこうと決めた。

電気屋に入り、持ち主を探す。

見つかり、謝罪する。

「学校に戻り、生徒を指導し、保護者と共に再び伺う」ことを約束。快く応じてもらってありがたかった。

帰校し、報告や打ち合わせ、対応をあれこれ。その件は、今日中に解決の目処が立った。

午後の職員会議で私は、生徒指導、教育相談という従来の二本柱のほかに、特別支援という柱を持たねば教育ができないことを述べた。

切れた男子生徒だけではない。適切な対応を取らなければ暴走する生徒は男子にも女子にもまだまだいる。我々教師は真摯《しんし》に学び続ける必要がある。その生徒、その生徒に合った対応ができるように学ぶ必要がある。力の指導に比べれば、数倍の時間と労力がかかる。だが、力の指導とは比べ物にならない「結果」を得られる。だから、やろうと話した。

会議後、校長室を訪れた際、「長谷川さん、会議で、ずばり必要な意見を言ってくれたよ」と切り出され、冒頭の言葉を言われた。

校内研修で一年間特別支援教育を学んだ校長先生の言葉である。

二〇××年四月二十五日

「授業が崩壊してしまいました。ヘルプをお願いします」

四時間目、職員室の内線が鳴った。ＳＯＳだ。

実技教科、新三年の授業。授業者は五十代前半の先生。前の年から、この学年の授業で、悪戦苦闘していた。力のある先生だと言う。それでも、授業が崩れる。生徒に、指導が通らない。

今回の授業では、「本気で怒鳴った」と言う。

内線を受けて駆けつけた時、ちょうどその先生が厳しく語っている最中だった。

若手が言った。

「先生が真剣に話している間も、男子数名が背もたれに寄りかかってへらへら笑っていた」

怒鳴っても、効果はない。

怒鳴られたり皮肉を言われたりしても、中学生は、自らの言動を直そうとはしない。ただ「慣れる」だけである。ゆえに教師がそれ以上の策を持たない限り、崩壊状態を立て直すことはできない。

再び、ほころびが見えてきた。だが、卒業生たちと立て直したこの学校を、もう崩しはしない。

そのための具体策を、校長先生に提案した。明日の企画会議にあげる。

その中には、数年来継続している「職員全員模擬授業研修」や「特別支援教育研修」もある。

いじめ発見・対応・解決のシステムの再確認もある。

生徒個々の抱える問題に対するケーススタディもある。

そして、ＴＯＳＳ弁護士団の紹介もある。

同僚を支え、励まして活力を引き出しながら、教育の力を信じて、共に進む。

❸ 魔の六月に、生徒のみならず保護者をも支えた事例

二〇××年六月〇日（月）

朝、酔っ払って血を流して来校した保護者（母親）に対応。一時間話し、落ち着かせ、見送る。

鑑別所から出てきた息子に、他校生徒がちょっかいを出している。からかって手を出させて事件にし、次の少年院に送ろうと画策している。

そのことに保護者は激昂し、酒を飲んで暴れた。

自分の住むアパートのガラスを割り、学校に来た。

これからちょっかいを出している子の家に行き、保護者を締め上げてくると言う。

息子は鑑別所を出た後、よくがんばっている。

そのがんばりを支えているのが、母親の禁酒と仕事、つまり母親の精神の安定であることは間違いない。

そんなことを話しているうちに、いつものように涙を流し、落ち着いていった。

この対応のため、自分の学級の授業に出られず。

代わりに見に行ってくれた教頭先生が、

「ひとことも無駄口がない。さすが三年だ。今年学校は変わると確信した」

と評してくれた。

私はいつも、子どもを同志として共に学校づくりを行う。三年になる頃には、三割ほどの生徒が自ら進んで改革の先頭に立って行動するようになっている。

その一時間後、隣の学校の教頭先生から、その保護者からの電話（苦情）でどうしたらいいかという相談の電話が入る。

電話では駄目であること、相手が家に来いと言っているならば、私が一緒に行くことを告げた。

こちらに一度来校してもらい、校長と私が同行した。

二十分ほどで話をまとめた。

二時間後、その息子（風邪で欠席）から、号泣の電話。

「母親の彼氏が、アパートに帰ったらガラスが割れていることにキレて、母親を殺すと自宅に乗り込んできた。

ヤクザを一人連れている」

急行。なんやかやと四十分ばかりやって帰校。

道すがら校長先生が、「こんなにたいへんな地域は、県内にもなかなかないぞ」と言う。

「でも、あの人も二年前はもっとたいへんでしたから。今は話もできるし、本人もがんばろうとしているから、応援しましょうよ」と返した。

学校に着き、職員会議に途中参加。終了後、生徒指導一件に関わり、退勤。

二〇××年六月△日（木）

連日、全学級の生徒の様子を見ている。引っかかる案件があれば対応を考え、管理職と相談し、各学年におろし、自分にできることはやりますよと言い、やっている。

自分の担任学級以外の、全学級の副担任のつもりだ。

結果として、他学年の保護者からも電話や訪問の相談が来るようになった。

ハブとなって担任や学年、小学校につなげる。悪いことではない。

小学校の児童の保護者からも相談が寄せられるようになった。主に発達障害の診断の下りた児童の保護者である。中一ギャップを発症させないために、入学前から中学教師が深く関わっていく。現在の現場に不可欠の仕事だ。

また、他校や高校の生徒指導主任にも積極的に連絡を取り、情報やお願い事を伝えている。

昨夜は二軒家庭訪問をした後、一時間半、近隣の学校のいわゆる「不良」が集まる場に出向いて、説教と語りと馬鹿話をしてきた。

そんなことをやっている。

考え、実行し、また考え、それが楽しい。

他のことにまで気と手が回らないけれども、これが私の選んだ道である。

各学校からドロップアウトしそうな子どもたち、そして勤務校の各学級で問題行動を起こしてしまう子どもたちと関わっていると、目を開かされることが何度もある。

私にとってはこれが、生徒指導と特別支援教育の最前線（最先端ではない）でもある。

中三担任をしつつ、生徒指導主任と特別支援コーディネーターを兼ねることができて、幸せだ。

やってもやってもなくならない仕事と、がっぷり四つに組んでみせる。

❹ 中学校の生徒指導の長所から学べること

二〇××年七月〇日（木）

昨日午後、生徒指導加配校の会議があった。

今年度最後の協議会だった。

郡市十六校中四校が加配校であり、県教育委員会から「生徒指導推進モデル校」と名付けられている。

その四校の教頭、生徒指導主任、そして会場校の校長、教育事務所の指導主事、教育委員会の指導主事が参加する。

四校間は、生徒の結びつきが生じやすい。

中学生の結びつきは、往々にしてマイナスに向かう。

現在、勤務校では水際で食い止めているが、他の三校プラス加配校以外の三校間で、

1　ある生徒の家を溜まり場とした集団怠学
2　そこでの飲酒、喫煙
3　万引き
4　バイク、自転車の窃盗
5　不純異性交遊
6　卒業生との負の交際
7　暴力団とのつながり
8　ネットの不正利用

等の問題が続出している。

会議では、今までに私以外からは出てこなかった発言が出た。

「荒れたり無気力になったりしている生徒たちの多くは、低学力で、学校がつまらない。

授業で何とかしなければ、どうにもならない。

こういう子が増えている。危うい」

そうだ。生徒指導は、基本、授業で行うのだ。

先日、初任者から「生徒指導で大事なことは何ですか」と問われた時、私は答えた。

第一に、楽しい授業です。
第二に、わかる授業です。
第三に、できる授業です。

これを私は、新卒三年目から主張し続けてきた。向山洋一氏の実践と、特別支援教育を学べば学ぶほど、思いは確信に変わっていった。

学校生活の根幹は授業だ。教師の仕事の中心は、授業における指導法の工夫だ。

根幹である授業を変えずして、枝葉をどれだけいじくり回そうと、結果はたかが知れている。

生徒指導は授業で行う。この声が、他校からも聞かれるようになった。

一歩前進だ。

指導主事からは、小学校の生徒指導体制の危うさが強調された。

郡市二十五小学校の、今年度の暴力行為の発生件数は、埼玉県内でも注目すべき増加を見せている。

子どもたちの変化に、教員が対応できていない。

特に、五、六年の荒れや無気力が際立っているという。

「生徒指導加配を、中学より小学校に向けなければならないと、今この時に真剣な人事会議が開かれている」

とのことだった。

小学校で「荒れた」子どもたちを、一年後、二年後には各中学校が受け持つことになる。

中学に入る時点で、大人に対してそっぽを向いている状態である。授業なんて受けない、勉強なんてクソクラエという態度である。学級なんてどうでもいい、自分が楽しければそれでいいと平気で言う。

思春期の、ホルモンバランスの乱れも加わって、情緒は乱れ、荒れは加速する。

そういう子を、目の前で、何人も何人も見てきた。関わってきた。

喜怒哀楽を共にしてきた。

そういう子どもたちを相手にした中学校の生徒指導は、小学校時代とは比べ物にならないくらいの「仕事」となる。

学級の中、学年の中、学校の中だけで、勤務時間内だけで、なんとかなるレベルではないからだ。

現実として小学校の現場が崩れている今、小学校側は、中学の生徒指導体制の良い点を取り入れるべきである。

たとえば、週一回の生徒指導委員会のような「情報共有のシステム」をビルトインすることである。そして、担任任せにせず、「組織的対応」を行う。学級で起きた問題に対し、学年で、学校で複数の教師が適時適材適所で対応していく。そして、指導の成果を「見届ける」。解決を確認するまで取り組む。

従来の中学校の生徒指導には、改善すべき点ももちろんあるが、注目すべき良い点も確かにある。ぜひ、取り入れてほしい。

❺ スピードこそが信頼を生む

二〇××年四月〇日（月）

「子どもの中に入るのが大切なのは、子どもと仲間になるためではない。今までの見え方とちがって見えるから大切なのである」

向山洋一氏の言葉である。

私が給食準備や清掃活動を子どもと一緒に取り組むことを大事にしているのは、師匠のこの教えがあるからである。

「『小学校高学年担任』『中学校教師』には、子どもとどのくらい一緒に掃除をしたことがあるか聞きたいぐらいである」

これも向山氏の言葉である。

ある中学校に赴任した当初、現状はこの典型だった。「清掃の監督だ」と言って、立って「上から目線」で見ていた。あるいは、職員室で休んでいるのであった。

当然、子どもたちは好き勝手をやっている。担当場所に来ず、遊びまわっている者もいる。

しかし、教師はそれに気づかない。あるいは見て見ぬふり。

指導が入らないから、真面目にやっている子も嫌になる。

掃除の時間が、崩壊する。

赴任一年目、生徒指導主任ではなかったが、生徒指導部に所属していた私は、これを変えた。

1　六時間目を終えたら担当場所に急行する。
2　一番早く取り組み始めた生徒を褒めることができるくらい早く着く。
3　子どもの範となる清掃活動を行う。
4　終了後の反省会で「全員」を褒められるよう、「活動時間中の指導」に力を注ぐ。

これを提案し、実行したのだ。

この「流れ」ができたので、異動で職員が入れ替わっても、職員室でお茶を飲んだりしゃべったりしている人は皆無であった。

子どもの中に入り、一緒に掃除をするから、汗水流して床を磨いたり、便器を拭いたりしている子どものがんばりに気づくことができる。やんちゃだって、そういうがんばりを見せる（瞬間がある）。

それは、「監督」然とした態度では触れることのできない世界である。

子どもと共に清掃をしたり、給食の準備や片づけをしたりしている教師は、子どもの悪口を言わない。見え方が、違うからである。

二〇××年五月〇日（水）

本日、五時間目が授業参観。その後、ＰＴＡ総会、後援会、そして学年保護者会と連続した。

ＧＷ中日の昨日、本校では「生活アンケート」を行った。

いじめ発見のためのアンケートである。中三の男子が、「これなら毎月やってもいい」と言うほどのシンプルさである。

連休の合間で忙しい昨日、なぜ実施したか。本日の学年保護者会で「速報」を出せるからである。

対保護者で失敗するのは、事が大きくなってから「報告」するからである。それは「報告」ではない。相手は「言い訳」と受け取る。

小さいうちから、確認中でもよいから、「こんな回答がありました」と伝えておくのである。そのためには、データ（事実）が要る。

昨日の帰りの会で実施、担任がチェック、学年主任がチェック、管理職に報告、急を要するものは放課後に対応、気になる項目についても今日の昼までに聴取。このように規定するから、全学年で足並みの揃った取り組みができる。

二学年の保護者に、アンケートの趣旨を伝え、回答の実態を説明した。

アンケート項目の①「わけもなく殴られたり蹴られたりしたことがありますか」と、②「先生や大人のいないところで悪口や嫌なことを言われたことがありますか」。

この二項目の「ある」に丸をつけた生徒が学年で四名。四名とも、「一～二回」に丸をつけていた。

すぐに担任が確認。内実を掴んだ。①については、「わけもなく」ではなく、「お互い様」であることがわかったのだ。

また、⑬「①から⑫までで、友達がしたのを見たり聞いたりしたことがありますか」に「ある」と答えた生徒が三名。この子たちにも、担任に「いつ、どこで、だれが、なにを、どうした」を確認するよう指示した。

それらを午前中に済ませた上で、それぞれの「人数」と「概要」を保護者に話した。

これが好評だった。「このような素早い対応をしてもらって、安心できる」という声が次々寄せられたのだ。

スピードが、信頼を生む。

❻ 出張の意味と価値を吟味し、価値の低い出張を減らす

二〇××年七月〇日（水）

学校に落ち着きを取り戻したいなら、出張を減らすことも必要だ。

教師を縛る出張が多すぎる。すべての出張が不要だなどとは言わないが、率直に言って、

学校にとっては不安定要素以外の何物でもない。

学校現場には外部の人たちが知れば驚くほど多数の出張要請が来る。たとえば、人権教育関係の研修会だ。年に何回も「動員」される。現場は、次は誰、次は誰と職員を充てざるを得ない。そのたびに学級や授業に穴が開く。たとえば国語科の教員が行くとなると、五、六時間自習になるわけである（授業変更など、実質不可能である）。

中学校体育連盟関連の出張もまた、多すぎる。中学校では、体育科の教員が生徒指導の中核を担っている学校が少なからずある。属人的な（個人の実力に依存した）人員配置は組織にとって良いことではない。が、現実問題としてそうせざるを得ない学校があるのである。そのような現場で、体育科の教員に出張命令が連発される。もちろんその出張が無駄だとは言わない。だが、である。学校にとっては、明らかにマイナスである。

また、市町村独自に作っている教科ごとの研究会がある。組織のある教科とない教科とがある。「活動」している会は、「伝統」なのだという。彼らはその研究会を、なんと「勤務時間内」に行っている。研究授業を参観するわけでもないのに、である。しかも、幅を利かせている教師の授業は酷い。あるいは、授業を公開しようとしない。

平日夜間や休日に身銭を切って学び合い、求められればいつでも授業を公開する私たちにすれば、信じ難い事態である。

給料も旅費も消費して、ほとんど役に立たない「研究」をしているのである。会そのものの価値を疑わざるを得ない。

年に一度ならまだしも、何回も集まる教科会がある。年に何時間も授業を自習にしてまで集まって、何の研究をするというのか。要は、目が子どもに向いていないのである。「少しでも現場から離れたい、息を抜きたい」という本音が垣間見える。

いわゆる「校長会」の出張もそうだ。毎週のように開かれる所もある。しかし、何度開いても学校の改革にはつながっていない。現状改革につながらない「リーダー会議」に、何の意味があろうか。

トップが現場におらずして、誰が指揮を執るのか。

それが平時ならばまだ許せる。しかし現実には、有事に指揮官が現場から逃走している。その時、矢面に立っているのは、「平社員」なのである。私も経験者である。

ある校長は言った。

「私は校長会の副会長で忙しいので、学校にはあまりいられない」

この校長の学校は、荒れている。生徒が少年院に送致される事件が、複数回起きている。授業を勝手に抜け出す者もいれば、一日中机に突っ伏して教師の指導に従わない者もいる。

それなのに「私は忙しいから学校にいられない」と言う。

「お前の本務は何なのだ！」と言いたい。

学校運営をないがしろにしてまで集まる価値が、その会にはあるというのか。あるならばＰＴＡ総会と職員会議で説明すべきである。それこそ説明責任である。

担当者がおらず時間割が変更になったり、自習になったりするのは、子どもたちにとって百害あって一利無しである。学力が落ちる。また、子どもたちの安定が揺らぐ。害を被るのは特に発達障害の子どもたちである。

「取り止められる出張は可能な限り取り止めて、職員を学校に残すべきだ。特に担任だ。担任が年に十日も二十日もいないのは異常だ。そのたびに学級が崩れるのだ」

私は管理職に訴えた。その後実際に出張は減った。このことは何を示すか。減らせる出張があるという事実である。

教師の本務は、勤務校で、授業を通して目の前の子どもたちを教え育むことである。

度重なる出張はその趣旨から大きく外れる。

学校を立て直すのに第一に必要なのは授業の改善と特別支援教育に学んだ対応である。しかし、右記のような問題に一つひとつメスを入れていくこともまた、必要なのである。現状を冷静に分析すると、解決すべき問題が見えてくる。

7 本物の「小中連携」を目指す

二〇××年八月〇日（木）

保護者とふたり、子どもを探して歩いた。午前と午後、夜計四時間。「モンスター」と、学校のみならず警察からも言われている母親だ。

たしかに、私が今まで見てきた保護者の中でも最もパワーがある。若い頃はレディース（暴走族）で名を馳せた。施設にも入っていたという。

育児をしない。家に帰らず、彼氏と別のアパートで暮らしている。酔っ払って学校に怒鳴り込む。

前年は校長室で担任の頬を張った。

三月まで、週に一度は、警察に厄介になっていた。酔っ払って物を壊したり、側溝に落ちて骨折したり、公道の真ん中に寝ていたりする。

二月の大雨の中、私は格闘した。

「あの子だってもっと悪くなって、少年院に行けばいいんだ！　私だってそうやって、生きているんだ！」

「お母さん、それで、いま、幸せなのかい。本心じゃないんだよね、ほんとうはそんなこと思っちゃいないよね」

母親はうずくまって、大泣きした。そのときから変わった。酒を飲んで学校に来ることがなくなった。今まで放置してきた子どもに、気を配るようになった。

生徒指導の一件で小学校に行った際、校長が「あの母親はほんとうに変わったよ」と言った。教務や元担任も何度もうなずいていた。それほどの変容だ。

（ただし、家には戻らない。家には兄弟と、祖母だけだ）

私の学級に入ってきた息子はADHDの診断を受けている。ベテランの臨床心理士が驚くほどの症状を示す。特に衝動性が強い。悪い癖を身につけてしまっており、夏休みに入り空き巣と窃盗で三度補導された。

子どものころから育児放棄していた母親はいま、毎日のように自転車で彼を追いかけている。

「昨日は『ママ』じゃなく『お前』って言われて、『関係ねえ』って言われて……。もう、どうしようもない。これ以上、面倒を見られない。ほうっておく！」

そう言いながらも、自転車を走らせる。

「昼飯を食べていたら、地域の人から『中学校が悪くなった』って言われたんです。『ええ、うちの息子が悪いんですよ！』ってはっきり言ってやりましたよ」

「でもお母さん、がんばっているよ。過去は過去として、いまお母さんは一所懸命やっているよ。息子さんのような行動をする子は他にもいるけれど、毎日のように本気で子どもの後を追いかけている親はいないよ。その気持ちはきっと伝わるよ。時間はかかるだろうけど、伝わるからね」

母親は、泣いた。

二〇××年八月△日（金）

ある小学校を訪れた際、校長先生と二十分ほど話をした。話は、小学校の現状へと広がっていった。

「中学校に行って荒れるんじゃないんだよな。小学校から、やっぱりいろんなことをやっているんだ。それが見えていなかった部分もある。なあなあにしてしまった部分もある。先生の言うことなんて、全然聞こうとしない子が何人も何人もいるんだ。申し訳ない」

校長はそう言った。

途中から教務と六年担任も加わった。校長が呼んだのだ。

「『予備軍』がたくさんいるんだよな。中学校に行ってから心配な子がたくさんいるよな」

校長が言うと、担任は何度もうなずいた。「中一のAの弟とか、中二のBの弟、Cの弟やDの妹なんて、授業を受けないから」

「EやF、G、Hの家なんか、保護者に連絡も通じないし」

話を聞きながら、「授業技量」「特別支援教育」、この二つのキーワードが脳裏に浮かんだ。

「中一ギャップ」解消のための小中連携事業を継続して、不登校の数は着実に減ってきた。だが、学力や規範意識については、小学校から入学してくる段階で、半数ほどの子どもが「落ちこぼされて」いる。そして、その子どもたちに力をつけてやれない中学校の現状もある。

勤務校では五年以上にわたり、年に三回の職員全員模擬授業研修を実施してきた。今年からは全員研究授業にも挑戦している。特別支援教育の研修も毎年やっている。

この動きを、小学校にも浸透させていく。勤務地において、それこそがほんとうの「小中連携」となる。

8 家庭訪問で上がってきた情報に即応する

二〇××年十一月〇日（月）

この年の四月八日、黄金の三日間の一日目。私は春休み中に学年全員の顔と名前を憶え、出会いの日を迎える。

朝、昇降口で生徒の登校を待った。登校してくる新入生一人ひとりに、名前を呼んで話しかけた。褒めた。保護者に挨拶した。

中一らしくない女子が何人もいる。しぐさ、発する言葉の端々に「過去の荒れの歴史」が見えた。

教室に入れ、入学式の指導をする。

こちらに注目させ「つづけ」るために、連続技が必要な集団だ。

呼名・並び方・返事・礼・握手を十分間で指導する。

入学式。学年の半数以上の返事が聞こえない。校長が思い付きで言い出した（そして職員会議で私が特別支援の観点から「突然の変更は止めるべき。これまで通り行うべき」と反論した）デモンストレーションである「校長と新入生一人ひとりとの握手」では、予想通り、隣の学級の数人が「失敗」した。手順のミスや移動時の混乱が生じたのである。その直後から、失敗した数人の落ち着きがなくなった。近くに寄り、目線で励ました。

入学式後、学級開き。資料を配付していると保護者が入ってくる。半数の方の格好は、完全なる普段着だった。だが、予想以上に静かだった。うなずきながら聴いてくれる人もいた。

短い九つのパーツで組織した。「さようなら」の指導を終えて、昇降口まで送る。

隣の学級では担任に、「家庭調査票とか、捨てちゃったんですけど」とあっけらかんと言う保護者がいたという。

提出物も三分の一しか出なかった、返事のやり直しをさせたら保護者がくすくすと笑ったという。

「もう完全に私は病休だ」

担任はたった一日でぐったりしていた。なだめて、連絡なしで欠席した男子の家を訪問しましょう、と促した。

自宅にはいなかった。祖母の家にいた。体調は悪くなさそうだったので、学校に連れてきて、靴箱や教室、座席の確認をした。

翌四月九日。帰りの会終了後、誰もいない教室で一日を振り返りノートにまとめた。

緊張からくる疲労で、両肩が上がらない。それだけ、真剣勝負が連続したということだ。集中させるために、である。

集団に指示を出し進行状況の確認をしつつ、荒れを背負った子や不登校に陥らせたくない子への個別対応も重なる。

この同時進行の連続技は、修業して初めて身につくものであると実感する。

小学校三年~六年で、年二十日以上休んでいる子が学級に六名、学年に十三名いる。

この二日間は、全学級欠席ゼロだ。

出席黒板のゼロを、何日続けられるか。毎日毎日、目をかけ、手をかけていった。

四月末は家庭訪問週間であった。五時間授業して、その後一日七~八軒を回る。

様々な事情から家庭訪問を取り止める学校が増えていると聞く。しかし、勤務校では止めない。それだけ重要な「情報収集の場」であると認識しているからである。

家を見て初めてわかることもある。学校に来てもらった時には聞けない話も聞ける。

その年に出た話題の一部は次の通りである。

小学校三年生の授業参観で、男子四名が机の上を走り回った。うるさすぎて先生の声が聞こえなかった。

小学校四年生の授業参観で、授業が騒然として、授業の途中で担任が泣き出し、職員室に帰ってしまった。その担任はそのまま病休に入ってしまった。
五、六年生では、「担任の持ち手がいないのです」と言われた。昼休みに興奮し、五時間目の授業を荒らす子どもたちが複数いて、校長室で授業を受けていた。
毎年開かれる保護者会では毎回、「あいかわらず駄目です」という話だった。

男子も女子も、卒業直前までいじめ・いじめられという問題が続いた。いじめによる不登校も出た。不登校までいかずとも、人間関係のトラブルから長く休む子が複数いた。

ネット上の書き込みトラブルで、緊急保護者会も開かれた。また、警察の生活安全課に名前を覚えられている子が複数いる。

マイナス情報のオンパレードだった。こんな時、読者ならばどう「受け」るだろうか。

私は話題を未来に向ける。

過去に拘泥しても得るものはない。それよりも、明るい未来をつくる。そのために必要なことは何かを語り合うのである。

この訪問期間に各担任が持ち寄る多種多様な案件のうち、急を要するものについては管理職と相談して即座に対応し、その他は学級ごとにペーパー一枚にまとめてもらい、生徒指導委員会で対応策を検討する。このような対応を四月に行うことが重要なのである。

9 同僚の職員を励まし、自分自身をも励まして日々の指導に臨む

二〇××年十二月十五日（火）

三年担任と生徒指導主任とを兼任していた年のことである。

五時間目、二学年の総合的な学習の時間がまたも崩壊した。職員室まで聞こえてくる騒々しさ。

もはや授業の体をなしていない。一時間目にエスケープして、注意した校長先生の胸倉を掴んだ二年男子M。出たり入ったり、担当教員と追いかけっこをした後、消火器を教室に持ち込んだ。

ヘルプ要請が来て教室に入った際には、担任がMを黒板前で組み敷いている状態だった。担任のメガネが床に転がっていた。

一緒に走った若手がふたりを引き離す。

私は足を踏み入れた瞬間に感じた違和感を率直に口にした。

担任が必死になっているのに、そして相手が自分の学級の人間であるのに、なぜみんなはそうやって普通におしゃべりし、大声で笑い、あるいは読書をしていられるのか。

Mを見捨てた人も多いだろう。でも、最初はなんとかしようと思っていた人もいたはずだ。Mが変わらないのを見て、あきらめていったのだろう。

それにしても、今の空気は異常だ。俺が教師になってから十一年間、一度も目にしたことのない光景だ。自分さえ良けりゃいいのか。利害関係がなければ、見て見ぬふりか。

生徒会本部、何のために役員になった？

学級委員、何のために学級委員になった？

彼らだけじゃない、この二年○組のみんな、お前たちの中学生活は、これでいいのか。

水を打ったような静けさ。泣き出す子もいた。

チャイムが鳴った。六時間目は我が学級の道徳授業だ。

教室後方で見ていた二学年主任に断って、自分の学級へ向かった。

途中、校長に報告。夕方の動きの確認をした。十分遅れで学級へ。二年の惨状から、授業を始めた。

二年にも思いを持っている子はいる。あきらめていない子もいる。このままでは駄目だという子も確かにいる。

後は教師の覚悟だ。二学年主任と担任の、覚悟と行動だ。


心ある子どもたちはそれを待ち望んでいる。教師のバックアップがなければ、子どもたちは心から安心して動くことができない。


放課後は三者面談がひとつ入った後、重要な進路検討会（査定会）をする予定だった。

急きょ変更し、臨時の生徒指導委員会を持った。三役（校長、教頭、教務）と二学年職員と、私だ。私は面談を終えて駆けつけた。

動きを渋る二学年主任に、教頭先生の口調が荒くなる。緊急事態なのだ、と。

校長先生も言った。


「掃除に来た二学年の生徒が言った。『今は学年の危機だ』と。そういう意識で過ごしている生徒もいるのです」


私もいくつかの具体的方針を話した。

一時間が経過した。そこから進路検討会。

その後、近所からの苦情に対応するための家庭訪問一件。

帰校して管理職と一日の総括、翌日以降の動きの確認をし退勤。

二〇××年十二月二二日（火）

午後九時。まだ学校である。続くときは続く。ここで膿を出してしまえば三学期は上がるだけだよと職員を励ました。

先ほどまで、生徒指導主任として、二学年の指導に同席した。父親を呼んでの指導である。

「長谷川さんでないと言えないことがある。だから同席してほしい」

校長から依頼された。

担任、主任がひととおり話し終えた後、最後に私が話をした。キーワードは、「孤立させない」だ。

父親からは最後、「こうして親身に関わってくれる先生方がいるから、兄貴の時も、ぐれずに済んだ。今回もそうだ。今が勝負と思って、私も関わります」という言葉が発せられた。会の価値があったというものだ。

今、私は調査書の作成をしつつ、一学年の指導が終わるのを待っている。ケータイの窃盗や暴力などが含まれる重い一件だ。

その報告を受けて、明日の指導方針と策を決めるので、終わるまで残っている必要がある。

この年は大晦日にも事件が起きた。高校に乗り込んでの喧嘩騒ぎだった。自分を励まして出勤していた。

❿ もう絶対に荒らさないという、教え子との約束

二〇××年一月二十日（火）
微細なことだけれど、勤務校で毎日行っていることがある。
たとえば、朝の職員の動きだ。

家庭環境が厳しい生徒の心は、朝の登校時に最も荒れている。

朝を乗り越えさせれば、一日なんとかがんばれる。

登校直後に安定させてやることが職員の仕事のひとつである。

朝練指導後、あるいは出勤後、学年職員は当該学年のフロアを見て歩く。

八時二十分から始める職員集会後、担任は各教室に朝読書に向かう。出席確認は八時三十分。二十五分が着席と朝読書準備だ。この二十五分に担任が教室にいることが大事だ。

朝読書は、担任がその場にいて、一緒に読書をして初めて効果を発揮する。

その状態を保障しなければならない。そのために職員集会での協議は無しで、連絡事項のみとしている。もちろん、復唱も無しである。

一、二、三年の主任と副担任は一階生徒昇降口に向かい、靴箱の状態を確認したのち昇降口の埃や砂をきれいに掃き清める。遅刻者にも対応する。

生徒指導主任の私は一階から四階までをゆっくり歩き、教室の様子を感じ取る。気づいたことを職員室に持ち帰る。

校長は一時間目開始数分後、全授業を見回る。

朝の十数分を切り取っても、様々なことが次々と進行する。

二〇××年一月二十七日（火）

小学校で、特別支援教育の研修会を開きたいと、勤務校の校長に相談した。

小学校六年生の算数の授業での惨状を見るにつけ、研修の必要性をますます感じたのである。

小学校を糾弾したいのではない。同じ子どもを九年間指導する仲間として、「共汗関係」を築き、働くことが目的だ。情報連携にとどまらず、行動連携をしたいのだ。その思いで、校長に相談した。「私から小学校長に連絡を取ってみる」との返事だった。

数日経って、校長に確認すると、午後の市校長会で小学校長に会うから直接話すとのことだった。

今朝、校長と話している中で、研修が話題にのぼった。

「いっぱいいっぱいだから、できないと言われた。ばたばたしているらしい」とのことだった。

何が「いっぱいいっぱい」なのだろう。

授業や学級経営の現状を改善すること以外で、何を「ばたばた」しているのだろう。

校長からは、「長谷川さんが向こうの校長先生に言ってみて」と言われた。「私の立場で言うことでしょうか。言っていいなら言いますけれど」と返した。

小中連携と一言でいうが、「中身のある」研修の開催ひとつをとってもこのように難しい。

もちろん合同研修会は何度か開いてきた。他校が「合同バレーボール大会と飲み会」などお茶を濁す程度の「連携」をしている中で、勤務校は五年以上前から授業交流や教科別研修を入れてきた。

だが、「実」はない。目に見える結果はない。

もう一歩の突っ込みが要る。

さて、また「悪者」になるか。

二〇××年一月三十日（金）

昨日、一昨日と、別々の件で家裁調査官から学校に電話があった。どちらも私が対応した。

校長が笑顔で言った。

「二日連続で、しかも別件で調査官から電話なんてなかなかないよ。どれだけ大変な学校だと思われるだろう」

私も笑顔で応えた。

「すべて過去の清算ですよ。今、この学校に荒れはほとんど残っていませんよね。中間層は確実に他の一般的な学校よりも質が高い。調査官が来たら落ち着きぶりに驚くでしょうね。県立大のS教授もびっくりしていましたものね」

S氏は、五年前の、荒れがまだ色濃く残っている時期から、小中連携の研究で何度も来校してきた方だ。校長は赴任二年。それ以前のことは知らない。だから、時折、エピソードを伝えている。多くの職員の真剣な立て直し活動の上に今があるのだということを語る。

十一月、中三生徒と保護者団を相手に展開した強烈な問題提起。為しておいて良かったと思う瞬間が、十二、一月と、何度もあった。

一時的な軋轢《あつれき》や抵抗を嫌がり、逃げていたら、今の状況は生まれていなかった。確実に荒みが進んでいた。それは、断言できる。

身を捨ててこそ、浮かぶ瀬もあれ。それだけの覚悟で事に臨む。

何が自分をそうさせるか。

ひとつは、卒業していった子どもたちとの約束である。

⓫ 生徒間暴力への対応法

二〇××年二月二十二日（木）

今日は四時半に退勤するつもりでいた。斎場で祖母の葬儀の打ち合わせをしてから、自身のサークルに向かうつもりだった。

その時間が迫った時、三年女子が職員室に駆け込んだ。

「Aが暴れています！」

一階に走った。

水道場に、三年主任と担任に囲まれて、Aがいた。

肩で息をしている。目がつり上がっている。壁を足蹴にする。教員の手をふりほどく。暴言を吐く。私の後から、五人の教員が駆けつけた。

Aを視界に入れつつ、野次馬で昇降口から入ろうとする生徒に帰宅を促し、担任に話を聞く。

「Bとふざけあっていて、エスカレートしたんです」

「AがBのお尻を思い切り蹴ったら、Bが怒って振り向きざまにAの顔を殴ったのです」

「以前から続いていていて、喧嘩になるから止めろと言ってきたのです」

「ふざけあい」なのだろうか。

若干、疑問に思った。勘働きである。

トラブルが起きた時、私は一語一句にいっそう敏感になる。

Aは、教員の制止を振り切って二階の相談室にいるBのもとに行こうとする。

それを許せば、大惨事になる。

ただ、である。このケースの場合、それほど多くの人数はいらない。いない方がよい。人の目が多いほど、Aは興奮する。

「私は相談室に行きます。先生方は戻りましょう。担任の先生にAの話を聞いてもらえば大丈夫でしょう。念のため主任は残ってください」

そう指示した。

戻った教員は、階段、保健室前、職員室前などで様子を見る。

そのまま職員室に帰らないところに、「組織」の強みを見る。

もともとそうであったわけではない。喜怒哀楽を共にして、こうなったのだ。

安心して、私は相談室に入る。

Bがいる。話を聞く。

相談員さんにも、事情を訊く。

やはり、だった。

「ふざけあい」という言葉は、両者が対等の関係であることを暗示する。

だが、現実は違った。Aは明らかにBを下に見ていた。

相談室でも、「喧嘩してえな！　B、喧嘩しようぜ!?」などとちょっかいを出していたという。

Bは「最近、ずっと我慢していた。今日も我慢すればよかった。今冷静に考えてみればそう思う。でも、我慢できなかった」と言った。

「友達と話していたら後ろから雑誌で頭をはたかれた。腹に一発入れた。そしたらAが離れた。それで終わりだと思った。そしたら、少しして尻を思い切り蹴られた。振り向いて、殴った。力が入った」

Bの言い分だ。

「Aの話は一つ抜けている。雑誌が抜けている」と言う。

殴ったという行為は、誤りだ。怪我をさせたという事実は、重い。だが、私にはBの気持ちがわかる。それほどにAは、日頃から横暴だ。

少し沈黙した後、私はBに言った。「喧嘩両成敗だな」

そして、少し、話をした。

「気持ちはわかる」ということは、私が言うべき言葉ではない。それを言える人間なら、周りにたくさんいる。

私はルールを示し、確認し、同意させ、次に何をすべきかを伝える役だ。


それが生徒指導主任の仕事である。

Aの唇と口内からの出血が多いため、医者に診せた方が良いとなり、親に連絡してもらった。

不在ゆえ、担任が病院へ連れて行った。車が校門を出たのを見て、Bを家に帰した。

三十分ほどが経過する。

十七時五十五分。校長が出張から戻り、Aを病院に連れて行った担任が戻った。

Aは、四針縫ったという。

家に送った際、ちょうど母親が仕事から戻った。ゆえに、Aと母親に、事実の確認はした、とのことだった。

十八時、校長室にて、今後の動きの打ち合わせ開始。十八時十分、終了。

私が描いた絵のとおりに、担任ふたりが動いてくれる。

現在、A、Bの親への連絡がつながるのを待っている。

受験期。ここが親のがんばりどころだ。教師もまた、がんばりどころだ。きっと、うまくいく。

⓬ 媚びない、ぶれない、動じない

二〇××年三月二十四日(金)
卒業式の答辞。自己弁護と自己正当化に満ちた答辞であった。

集団としてまとまれなかった子どもたちや、まとめられなかった教師たちは、「個性」という言葉を使いたがる。

「個性の強い私たち三年生……」

「この学年は個性が強いから……」

個性とは何たるかを、考え抜いていない。「型」の重要性など、まったく認識していない。

それでいて、美辞麗句に逃げる。

その前年の卒業式、私が三年間担任した生徒の答辞では、生徒も保護者も教師も、来賓までも涙を流した。

それは、読んだ生徒と、その学年の生徒たちが「仲間のため」「学校のため」の行動をひたすら積み重ねていたことを、周りの人間が知っていたからだった。

行動の事実があるから、言葉に力が宿り、人の心を動かした。

それに比して、今回の答辞には、まったく力がなかった。空虚だった。寂しかった。哀れだった。

終盤、「私たちはこの中学校が大好きだった」という言葉があった。

ならばなぜ、個人で、集団で、学校の向上のために行動しなかったのか。ささやかなことでもよい。なぜ行動しなかったのか。

人間、「何を言ったか」ではなく、「何をしたか」が大事なのだ。

最後の言葉は、「楽しい、学校生活を送ってください」だった。「楽しい」が意図的に強調された。

確かに、卒業学年の三分の二ほどの生徒は「楽しかった」だろう。なぜなら、好きなことしかやらずに三年間を過ごしたからである。

ただし、その「楽しさ」は、あくまでも「個」の楽しさだ。偏った個人主義の産物だ。

日常でも行事でも、どの場面でも、ばらばらなのだ。男同士も女同士も、きわめて仲が悪い。なぜそういう状態のまま、卒業していってしまったのか。

「全員」を追い求めなかったからだ。「仲間と味わう達成感や感動」は、あの子たちにはなかったにちがいない。それが一度でもあれば、学年は崩れない。

そして、顔である最上学年が崩れなければ、学校は崩れないのだ。

答辞を読んだ生徒は、三学年主任の「指導」に従わず、修正指示を無視して本番に臨んだ。狼藉だ。

この事実を知ったのは、卒業式終了後だった。私と校長との会話で、明らかになったのだ。

「校長、あの答辞はないでしょう」という抗議に対して、校長が言ったのだ。職員は誰も知らされていなかった。「当該学年の良心に任せていた」からだ。担任が見、主任が見、管理職の許可を得て清書し、本番に臨む。それが学校の「内規」であったからだ。

三学年主任はそういうルールを簡単に破る。まさか校長にも見せずに式を迎えたなどとは、誰も思わなかっただろう。

だが、待て。校長、あなたもまた責任を負っている。あなたが「指導するから持ってきなさい」と言えばよかったのだ。トップの責務として、だ。なぜそうしなかったのか。なぜ勝手を許したのか。なぜかくも安易に例外を作ってしまうのか。私はそう述べた。

式当日の夕刻の職員会議で、私は元生徒会長の言動と三学年主任の無責任さを批判した。学校の生徒指導に責任を持つ者として、である。

「代表者は修正指示に従わず、欺瞞と自己弁護に満ちた辞を述べて卒業していった。教育されるべきを教育されず、指導されるべきを指導されず、自由をはき違え、責任を果たさずして、子どもたちは卒業していった。それは、彼らにとって、却って不幸だ。不幸なまま、巣立たせてしまったのだ。これは我々学校の失敗だ。教師の敗北なのだ。もう二度とこのような失敗を繰り返さぬよう、問題点を分析し、真剣に反省をして、来年度に臨む」

そう主張した。

「数年間、学年の子どもたちと職員と共に、文字通り必死で立て直してきた学校を、無責任と怠慢と子どもへの媚びと阿《おもね》りとで崩させてたまるか」

きわめて大きな憤りを抱き、私は幾つかの行動を起こした。行動しなければ何も変えられない。しかも自分は生徒指導主任である。生徒指導主任が摩擦を恐れて動かなければ、学校は容易に崩壊する。物を動かせば摩擦が起きるのは当たり前。それが大きな物であればあるほど摩擦も大きくなる。

卒業学年の保護者の一部から来る「摩擦」に堂々と正対し、媚びず阿らず、信念を貫けたのは、私に、教え子たちと積み重ねた事実があったからであった。

それから数年後、学校は授業エスケープゼロ、暴力行為ゼロ、卒業期の遅刻ゼロ、登校しない・できない生徒ゼロという事実が生まれた。

その他方略、方策についてはそのつど生徒指導委員会より提案するものとする。

2　いじめ発見・対応のための、問診、触診、検査のシステムを構築する

まずは子どもの実態を様々な角度からつかむ必要がある。方策のひとつが生活アンケートである。アンケート実施の際は生徒への配慮が重要となる。

（1）「お金を出せと言われて取られたことがありますか」等の問いに対し、「ある」「ない」のみでなく、「1・2回」「3・4回」「5回以上」と記し、丸をつけさせることである。数字が物語る。
（2）時間のかかるアンケートは駄目である。5～10問程度とし、2分以内に終わる中身とする。
（3）月に一度実施するとして、設問を変えて様々な角度から実態を把握する。
（4）「先生に知ってほしいことがあったら自由に書いてください」などの、「その子が時間をかけて書いている、すなわちいじめを受けたり、知っていたりすることが周りに分かってしまう」項目は入れない。
（5）集め方も工夫する。教師が大きな紙袋を持って立つ。その中に、アンケートを四つ折りにして入れさせる。生徒の前でその袋にセロテープで封をする。

どれも、生徒への配慮である。このような配慮の上で為されるアンケートならば、月に一度ずつ実施しても、生徒は嫌にならない。実際に「こういうアンケートなら毎月やってもよい」という声が生徒からあがっている。

このようなアンケート、すなわち問診は実態を詳しく分析するためのものではない。分析は、アンケートに続く触診、検査で行う。

3　アンケートと、その後に行う触診、検査をシステムとして連動させる

問診の次は触診（診察）、つまり教師の観察や聴き取りである。

隣と机を離しているなど10項目ぐらいを2週に一度各学年の生徒指導担当に報告するイメージである。

その次が検査。「一人ぼっちの子どもの調査」「放課後の遊びの調査」などがある。

（ソシオメトリックテストは裁判でも否とされた経緯があり、実施に慎重を要する）

たとえば一人ぼっちの子どもの調査とは、以下の内容である。

学級担任を集め、次の依頼をする。

「月曜日からの1週間、ひとりぼっちの子の調査をします。昼休みに誰と何をしたかを調べてひとりだった生徒を記録します。まずは先生方が観察され、その上で、生徒に誰と何をしていたかを尋ねてみてください。これは1週間毎日行います。結果は私に報告します。生徒指導委員会で私から報告し対応策を練ります」

これらの触診の方策は、複数を連動させるからこそ効果がある。

なお、一連の活動は文書化され、人が代わっても滞りなく実施されるようシステム化される必要がある。

4　いじめ発見後の「対応」を明確化し、「解決」、「その後」までフォローする

（1）発見後24時間以内に会議を開き、対応策を決め、保護者への連絡を含めて対応する。
（2）会議の座長（最終責任者）は校長先生とする。
（3）いじめが解決するまで、会議は招集され続ける。
（4）会議では指導経過の報告と新たに取るべき方策が決定される。
（5）解決の判断は校長先生が行う。
（6）解決後も、1週間、1カ月、3カ月と定期的にその生徒の状態を会議で報告するものとする。
（7）校長先生あるいは学年主任は、1カ月後、3カ月後、半年後に保護者に電話し、「その後いかがでしょうか」と状況を尋ねる。これをアフターフォローとする。

〈資料〉いじめ予防・発見・対応・解決のシステム構築の一例

文責　生徒指導主任

本校におけるいじめの予防・発見・対応・解決のシステムの根幹を以下のとおり定める。

1 「予防」の一方略として、いじめの定義を共有化する

本校で定め運用してきた「発見・対応・解決」のシステムに、このたび「予防」の方略を組み込むものとする。どのような方略か。第一弾は、「いじめの定義を教師間、生徒・教師間、生徒間で共有する」ことである。「いじめの定義」は文部科学省が示している。最新版は以下である。

> 本調査において個々の行為が「いじめ」に当たるか否かの判断は、表面的・形式的に行うことなく、いじめられた児童生徒の立場に立って行うものとする。
> 「いじめ」とは、「当該児童生徒が、一定の人間関係のある者から、心理的、物理的な攻撃を受けたことにより、精神的な苦痛を感じているもの。」とする。
> なお、起こった場所は学校の内外を問わない。

この定義には注が５点付けられている。以下である。

> 注１　「いじめられた児童生徒の立場に立って」とは、いじめられたとする児童生徒の気持ちを重視することである。
> 注２　「一定の人間関係のある者」とは、学校の内外を問わず、例えば、同じ学校・学級や部活動の者、当該児童生徒が関わっている仲間や集団（グループ）など、当該児童生徒と何らかの人間関係のある者を指す。
> 注３　「攻撃」とは、「仲間はずれ」や「集団による無視」など直接的にかかわるものではないが、心理的な圧迫などで相手に苦痛を与えるものも含む。
> 注４　「物理的な攻撃」とは、身体的な攻撃のほか、金品をたかられたり、隠されたりすることなどを意味する。
> 注５　喧嘩等を除く。

この定義をそっくりそのまま記憶し運用することは困難である。
「先生、いじめってなんですか」と問われて、即答できないようでは、指導も覚束ない。仮に文書等で提示できても、記憶し常に意識できる生徒は少ない。教師がいじめとは何たるかを明確に理解し、同時に、生徒がいじめの本質を理解していることは、予防にもつながる。

教師にも生徒にも、より分かりやすい定義が必要なのである。

そこで、いじめの定義として世界基準となっているノルウェーの犯罪心理学者でありいじめ研究の第一人者であるダン・オルウェーズ氏の定義を借り、キーワードを抽出する（大阪大学・和久田学先生のご指導より）。以下である。

> 1　力の不均衡（一方的である。やり返しができない間柄である）
> 2　繰り返される言動（たった一度で深刻なトラウマを生じさせるほどのいじめもあるが、多くの場合、繰り返され常態化されている）
> 3　意図的な言動（意図的に標的にされ、被害を受けている人間がいる）
> 4　不公平な影響（加害者には影響がないが、被害者は心身に変調を来す）

まずはこの定義を教師が共有する。場は校内研修である。

生徒には、生徒会本部に「よりわかりやすいキーワードにする」などの工夫をさせ、集会や掲示等で扱わせて周知する。今学期中に本部役員が案を作成し、年明けの生徒朝会で全校に周知する。

いじめはどんな集団でも起こり得る。なればこそ、「予防」の策をシンプルに、かつ連続的に講じていく必要がある。

⑦上履きや鉛筆などをかくされたことがありますか。

ある（1～2回、3～4回、5回以上）

ない

⑧「それをかせよ」「これかりるよ」などと言って、自分のものを持っていかれたまま、返してくれないことがありますか？

ある（1～2回、3～4回、5回以上）

ない

⑨携帯やパソコンを通して悪口や噂を書かれ、嫌な思いをしたことがありますか。

ある（1～2回、3～4回、5回以上）

ない

⑩「お金を出せ」と言われて、とられたことがありますか？

ある（1～2回、3～4回、5回以上）

ない

⑪「おごれよ」と言って、無理やりおごらされたことがありますか？

ある（1～2回、3～4回、5回以上）

ない

⑫学校に関係のない物、ふさわしくない物を持ってきたことがありますか？

ある（1～2回、3～4回、5回以上）

ない

⑬　①から⑫までについて、友達がやっていたり話していたのをみたことがありますか？

ある（1～2回、3～4回、5回以上）
→それは、①～⑫の何番ですか。
（　）（　）（　）（　）（　）（　）（　）（　）
ない

皆さんが楽しい学校生活をおくることができるように、先生たちはこのアンケートをきちんといかしていきます。

協力ありがとう。

〈資料〉平成25年度　第3回生活アンケート

（　年　組　名前　　　　　）

二学期開始から本日までに、次のような経験をしたことがありますか。
書いたことは絶対に内緒にしますから、教えてください。
なお、このアンケートは成績等には一切関係ありません。

回答には○をつけるだけでけっこうです。⑬だけは数字を記入してください。

①わけもなく、なぐられたり、けられたりしたことがありますか？

ある（1～2回、3～4回、5回以上）

ない

②先生や大人の人のいないところで、いやなことをされたり、悪口を言われたりしたことがありますか。

ある（1～2回、3～4回、5回以上）

ない

③「そうじをやっておけ」「かたづけておけ」など、仕事を命令されたことがありますか？

ある（1～2回、3～4回、5回以上）

ない

④遊びの時、仲間はずれにされたことはありますか？

ある（1～2回、3～4回、5回以上）

ない

⑤「ことばをかけない」「仲間に入れない」などの無視をされたことがありますか。

ある（1～2回、3～4回、5回以上）

ない

⑥「○○さん」「○○君」と遊ぶのをやめようなどと、仲間はずれを話しあったことがありますか？

ある（1～2回、3～4回、5回以上）

ない

第3章

特別支援教育で行う超・積極的指導とは

❶ 今までの中学校教育の何が問題だったのか

一　中学校教育の問題点とは何か

特別支援教育で中学校が変わる。
そのとおりである。
教師の立場で言い換えればこうなる。

特別支援教育で中学校教育を変える。

中学校教育を変える。何を変えるのか。
これを考えるためには、次の問いを立てる必要がある。

中学校教育の、何が問題だったのか。

答えは様々にある。
たとえば、「中学生らしくしろ！」という言葉に代表される、

どう行動すればよいかを教えずに怒鳴る、皮肉る指導。

である。また、

長々とした説明中心の、生徒の理解を度外視した一方的かつ強引な授業。

である。

ほかにも、

「自主性尊重」という名の指導放棄。
顧問の所有欲と自己顕示欲を満たすための勝利至上主義型部活指導。

など、問題点は多くある。

リーダーを育てる努力をせずに、「子どものやる気を大切にしたい」等と言って指導をせず（指導ができず）、それでいて「今年の学級にはリーダーがいなくて困る」などと職員室で愚痴っているのが前者の具体例である。

勝つことばかりを追いかけるあまり、センスのある子や努力すれば相応の結果が出る子だけを引き上げ、そこから落ちこぼれた子が部活を辞めて（あるいは幽霊部員になり）非行・問題行動に走っていくのが後者である。どれだけ強いと評判のチームでも、ひとりふたりと部員が落ちこぼれ、転部していくような部活経営は失敗である。その種目を極めたい生徒が集う高等学校ならいざしらず、一般的な公立中学校では、「それをやっちゃあ、おしめえよ」である。

問題は多岐にわたるが、根っこは共通している。

子どもの自己肯定感を傷つけ、低下させているのである。

子どもの自己肯定感を下げる「指導」は、指導ではない。

なぜ、自己肯定感を下げてはならないのか。

一つだけ言うならば、自己肯定感が地に堕ちると、二次的障害が生じるからである。結果として、その子の人生が崩れてしまうからである。

教師がこのことを理解せずに、毎日毎日該当生徒の自己肯定感を傷つけた結果として、周りの教師や、専門医にも手がつけられない状態に陥っているケースが、全国に数え切れないほど存在する。

二　「子どもを大切にする」とは、具体的に何をどうすることなのか

私たち教師が為すべきことを一言で言う。

一人ひとりを大切にすることである。

こんなことは何十年も前から言われていた。そんな声が聞こえてくる。

では、問おう。

「大切にする」とは具体的に、どんな場面で何をどうすることなのか。

これに答えられるか、が重要である。

一方的かつ強引な授業を垂れ流しておいて、「大切にしている」と言っても、それは虚言である。日頃怒鳴ってばかりいて、「その子を大切に思っているから怒鳴るんだ」と言う。それもまた妄言である。

大切にするとは、換言すれば、

自分が最も尊敬する人物に接するように子どもたちに関わることである。

そしてそのためには、特別支援教育の知見と対応技術を学び身につけることが不可欠なのである。

埼玉県北部の某中学校は、従来の「力の生徒指導」を放棄し、特別支援教育を基盤とした学校づくりに取り組んでいる。

「特別支援教育は、通常の学級担任の仕事なのか？」これが、当初の職員の意識だった。

それが二年間で、「特別支援教育は、教師の仕事だ！」に変わった。

「時間はかかる。疲弊もする。だが、従来型の生徒指導ではもう通用しないんだ」

校長先生がそう言った。かなり苦しみながらも、成果が少しずつ見えてきたという。

力の生徒指導には即効性がある。だから多くの教師が子どもを威嚇し、脅し、すかし、なだめ、引き入れるこの「指導」を選んできた。しかし、即効性がある「劇薬」である以上、副作用もある。中二の夏から秋口にさしかかる頃に、子どもが教師を乗り越えてしまうのである。そうなると、一切の指導が入らなくなる。学級が壊れ、学校が崩れる。

一方で特別支援教育は遅効性である。スポンジに一滴一滴水を沁み込ませるような活動である。いくらやっても先が見えない時期がある。しかし、その効果は一生続く。その子の一生を支えるほどの力を、特別支援教育は有している。よって、「不可欠」なのである。

❷ 学校が主体となり連携の「ハブ」となる、その方法とは

一　ある女子生徒の成長

ある年の一月、職員室が拍手で沸いた。

一学期に私が医療につなげ、アスペルガー症候群&場面緘黙《かんもく》の診断を受けた中一女子生徒。

小学校六年の時、勤務校の相談員と臨床心理士が授業参観に行った。授業中、震えていた。頭には円形脱毛症があった。

生徒指導主任として、また、特別支援教育コーディネーターとして、春休みから職員向けの「準備講座」を開いた。

「発話を強制しないこと」
「不安を取り除く環境をつくること」

この二点を、各教科、各教師が具体的に努力していくことを話した。

中学に入学しても、教室での発話はなかった。話しかけられても、目をぎょろぎょろ、肩をびくびく、後ずさってしまう。

入学式の日、上履きの紐を結べなかった。一緒に結んだ。

ジャージに着替えるのに十五分程度かかった。友達が手伝ってやっと、休み時間終了ぎりぎりに移動開始ができる状態だった。

小学校入学から今まで、給食を一口も食べなかった。家庭科で調理実習をしても、総合的な学習の時間で郷土食を作っても、一口も食べなかった。

その子が、一月最終週、初めて給食を口にした。三口。義務教育七年目の終わりで、初めて、給食を食べた。教室中が沸いた。報告を聞いた職員も、拍手で沸いた。皆、心から喜んだ。

変化の要因のひとつが、自尊感情の回復にあることは明らかであった。たとえば国語の授業での、成功体験と成長の自覚である。

入学当初から、国語の時間の前の休み時間は、毎回一緒に教材の準備をした。

私は「うつしまるくん」や「暗唱直写スキル」を購入し彼女にプレゼントした。毎日続けさせた。「漢字スキル」や「名文視写スキル」で一文字書くのに、一分弱かかった。

十一月には五分弱でテストを終えられるようになった。しかも、初めて百点を取った。見せたことのない笑顔を見せた。

一月には四分程度まで縮まった。二月には制限時間プラス一分ほどで終了するまでに速度が上がった。三学期、彼女は百点を連発するようになった。声が、大きくなっていった。

彼女のために設けるこの時間、他の生徒はすることがない。空白ができてしまう。授業の緊張感が乱れる。一体感が崩れる。

空白禁止の原則に沿い、私はある簡単な工夫をした。終えた生徒に、「先生問題」(即興で作り出題する)を出したのだ。テスト十問のうちの漢字の、「同訓異字」や「同音異義語」を中心に毎回二~三問ずつ出題したのである。たったこれだけのことでも、生徒は喜んだ。

三月に上演した学年演劇でも、皆が驚きの声をあげるくらい大きな声を出した。

人間は、変わるのだ。

医療センターのドクターたちとの学習会で、この事実を発表した。参加者一同驚いていた。我がNPOの顧問をお願いしている元小学校長の桑原清四郎氏は涙をためて喜んでくれた。終了後、「すばらしい教育です」とドクターから声をかけられた。

二　諸機関と連携したいなら、学校が主体となれ

「発達障害だからしようがない」

いまだ、多くの学校がこのレベルだ。悲しいし情けないが、それが現実だ。なんとかしなければと強く思い、行動している。

「発達障害だからしかたがない」

これは明確に間違っている。

不適応を生じさせなければよいのだ。そのために職員全員で研修し、目標を定め、対応していくのだ。

非行・問題行動が悪化してから医療につないでも、ドクターが対応できるとは限らない。

委員を務める日本小児科連絡協議会の「発達障害への対応委員会」でも話題になったが、行為障害まで進んだ生徒は、どこの人間とも分からない医師に心を開くことはない。

主体はあくまで、毎日その生徒に接してきて、これからも毎日関わっていく学校、すなわち教師なのだ。

医師はあくまでも助言者だ。

最近保健所では、「家庭では問題がないのですが、学校の先生が強く勧めるものだから」と母子で来所するケースが増加している。

勧めるのはかまわない。

学校も、藁にもすがる思いなのかもしれない。

だが、せめて初回とその次くらい、教師もついていけと言いたい。

教師も居合わせ、一緒に話を聞く。

これがきわめて重要だ。

重要だという理由はいくつかある。

ひとつだけ挙げるなら、保護者は、医師からの話を、意識的にか無意識的にか、変えて学校に伝える。

悪気がなくとも、自分たちに都合が良いように解釈する。

もちろん全員の保護者が、という話ではない。でもそういう例は確実にあり、その後学校、保護者間でトラブルになったケースも少なくない。

教師がその場にいれば済むことだ。

そして、家庭で努力すること、学校が努力することを確認すればいいのだ。

目標を共有すればよいのだ。

主体は学校なのだから、機関を紹介して終わり、機関につなげて安心、ではお粗末すぎる。責任の放棄と言われてもしかたがない。

私は医師、保健所、福祉課、家庭教育相談員、民生児童委員、児童相談所、少年サポートセンター、児童養護施設、保護観察官、保護司といった各機関の方々と常々連絡を取り合っている。

こちらがハブとなり、コーディネートする。

動く主体はあくまでこちら。その補助をしていただく。

だから、連携が続くのだ。続くだけでなく、発展するのである。そういう活動の積み重ねがあってこそ、学校は変わるのである。

❸ 二次的障害を生じさせないための教師の仕事とは

一 二次的障害を生じさせない

生徒指導主任が集まる会議に学期に数回出ている。その会議で発達障害が話題にのぼることが、数年前に比べて格段に増えた。

それはそれで良いことである。

しかし、である。多くの報告は以下のような「論理」構造になっている。

「非行・問題行動を繰り返す生徒がいる」

「どうしても指導が入らない。困り果てた」

「発達障害ではないか」

「発達障害ならしかたがない」

「われわれに打つ手はない」
「どういう機関に入ってもらったらいいのか」
認識が間違っている。私は次のことを繰り返し話す。

発達障害だから非行・問題行動を起こすのではない。

二次的な障害、情緒のこじれを引き起こしてしまっているから非行・問題行動に走ってしまうのだ。ちょっとやそっとのがんばりでは指導が入っていかないのも、そのためだ。

腕力や言葉の暴力によってその生徒の自尊感情をさらに傷つける、そんな質の低い指導は受け入れられないのである。

「発達障害ではない生徒の反社会的行動をどうするか」というトピックを挙げる人も時にいる。それも二次的障害である。

対応するには反抗挑戦性障害（人に暴力はふるわない）や行為障害（対人・対物暴力行為有り）、反社会的人格障害等の特徴を学ぶこと、そして、対応する術を学び、取り組み、習熟していくことが不可欠である。

褒め方、認め方、叱り方。それらひとつをとっても上手と下手がある。

上手に褒め、相手が褒められていると認識していなければ、褒めたことにはならないのである。認めるのも叱るのも、同様である。

さて、行為障害まで進むと、医療を受診しても「手に負えない」と言われるケースも少なからずある。

生徒が医師に対して心を開かないのである。

かりに受診したとしても、多くの場合、数カ月に一回会って助言をもらう程度である。悪いと言っているのではない。それが医師の仕事である。

医師や専門家の助言を受けつつ、生徒を「教育」するのは我々教師である。教師こそ主体なのである。そんな話をするようにしている。

こういう研修を、勤務校では何年も何年も継続している。不登校ゼロ、暴力行為激減という事実の背後には、職員の特別支援教育「力」の向上が確実にある。

二　特別支援教育はイデオロギーを超える

先日、百名（行政他が半数、教員が半数）が集まる生徒指導の大会で発表者を務めた。与えられたテーマは「個別支援の取組と連携」。医療や福祉、警察、児童相談所に入ってもらい、個別のサポートチームを作って対応してきた事例、また現在進行形で進めている事例は多々あり、話題には事欠かない。

だが、事例だけを話しても、足りない。

個別支援を進める上での考え方、校内の対応システムの作り方にも触れる必要がある。

たとえば、いじめ発見・対応のシステムである。事務所の指導主事が絶賛したことで、勤務校が八年間実施しているいじめ発見・対応システムが、郡市小中学校に広がった。

発達障害への対応システムもそうだ。

どのような考え方で、いかなる研修会を行い、どのように対応力を磨いて、実際にどう対応しているか。

大意を話した。

また、子どもや保護者に「各機関の使い方」をレクチャーしていることも取り上げた。

学校から離れた場を活用できる。相談する場が複数あり、選択できる。これもまた、子どもや保護者が求めていることである。生徒が卒業した後も、機関を頼って生きていけるのである。このような情報も、学校から発信していくことが重要である。

私の発表内容は一文で表現できる。「二次的障害を生じさせないために学校に対応システムを作れ」である。生じさせないために、個別支援が必要であり、のみならず、発達障害の子を取り巻く人的環境の整備と質の向上が重要なのである。そのことを具体例を挙げて主張した。

最後に、過去の事例を紹介する。

小学校五年の二学期からほとんど登校しなくなり、六年の一年間も百二十日以上欠席、登校しても一時間好き勝手に過ごして下校していた男児が入学してきた。六年の春に精神科を受診し、広汎性発達障害の診断を受けた。

何もしなければ中学の三年間も不登校だ。私は動いた。十一月に小学校の校長室で、担任と校長の同席のもと、保護者と面談した。研究冊子「発達障害児本人の訴え」(東京教育技術研究所)をプレゼントし、学習会をしましょうと提案した。そして、週に一度の家庭訪問を続けた。冬休みも続けた。並行して、中学校で広汎性発達障害の特徴と対応の工夫について研修を実施した。両親を招いて中学校側の考えを伝え、指導の目標を決める会を開いた。入学後も日常的に彼との関わりを続けた。「教えて褒める」である。

彼は部活動の朝練習から登校し、六時間授業を受け、放課後の部活動にも参加した。七月までの三カ月間で、欠席はたったの五日であった。これが事実である。

私は「特別支援教育はイデオロギーの壁を超える」と考え、様々な場所で生徒指導と特別支援を結びつけて話をしてきた。勤務校の子どもたちが事実で教えてくれたことを基に、である。これからも継続していく。

❹ 医療・幼保と連携しよう

一　埼玉初の医教連携セミナーに登壇する

二〇一一年十月一日(土)、新人体育大会の現地指導を終え、車に飛び乗った。厚労省後援、日本小児保健協会主催の「市民公開セミナー」で講師を務めるためである。

会場入りしているサークルメンバーに電話をした。会場には二百名以上の参加者があり、医療関係者、行政、NPO団体、保護者などで埋まっているという。医療・教育連携の場は初体験であった。私は少しの緊張を感じていた。

主催者代表の平岩幹男氏から与えられたテーマは、「自閉症を抱える子どもの就学準備と学校生活」。移動の新幹線車内で、現場の事実(横浜市リハビリテーションセンターの実践を含む)と、TOSSの実践・教材群と、そして翔和学園の実践を語ることに決めた。四十分間を三つの話題で組み立てようと考えたのである。

だが、会場に入り参加者の様子を見て、一つに絞った。参加者の多くが、保健師や看護師、保育士さんだったからだ。

何に話題を絞ったか。

授業である。

授業の原則十カ条の説明と、子どもたちの姿の描写。

これならば、参加者が現場に戻って活きる知識となる。そう確信したのである。

挨拶から始め、TOSSの実践と研究と教材を前面に押し出して話をした。

四十分の講座、直後のシンポジウム。どちらもとても楽しい時間だった。私は終始笑顔であったと思う。会が終わると、次から次へと人が押し寄せた。二十名以上が列をなした。保護者からの相談が半分、仕事の相談が半分だった。

まず、日本保育園保健協議会と赤十字から、二〇一二年十月に開催するシンポジウムへの登壇を命じられた。埼玉県立小児医療センターの保健発達部副部長からは、「若手と卒業生を、先生の勉強会に出席させて学ばせたい」との話があり、勉強会を開催することが決まった。東大名誉教授であり、日本子ども家庭総合研究所所長の衛藤隆氏からも勉強会の誘いがあった。

NPO法人つみきの会の方々からも、ABA（応用行動分析）や自閉症療育教材について話し合う場をと言われた。そのほか、東村山市の小学校、大宮北特別支援学校、県立上尾高校からは校内研修で講演を、と依頼を受けた。

平岩氏からも、「県教委の一部はＴＯＳＳが大嫌いなんだよな」（苦笑）という言葉と共に、次なる仕事のオファーを受けた。

埼玉には医師の介入を拒絶する学校が少なくないという。つい先日も、平岩氏は四校連続で断られたという。

「教師がつまらないプライドを守るために子どもを犠牲にしていることに対して強い憤りを覚えている」

平岩氏は言った。そのとおりだ。犠牲になっているのは子どもたちだ。このていたらくを改革し得るのは、現状では、志高き一部の教師、医師、関係者たちだけだ。その中には、ＴＯＳＳも入る。代表向山洋一氏の高き志のもとに参集し、無償で様々な活動を展開してきた私たちだからこそ、できることがある。

当初の予想通り、この仕事を通して、新たな連携の道、新たな実践の道が拓かれた。

二　小中教師よ、保育園と連携しよう

二〇一二年九月一日（土）は埼玉県保育園保健師看護師連絡会主催の研修会で二時間半にわたり講座を務めた。参加者は三十名。三分の一が園長先生。三分の一が看護師さん。そして三分の一が若手からベテランまでの保育士さんだった。

私は話のテーマを二つに絞った。

1　発達障害への具体的対応
2　授業の腕をあげる法則

なぜこの二点か。まず、保育現場でも発達障害児への対応に苦心しているであろうことがはっきりと予想できたからである。特性と、対応する技術を知らなければ、愛情がいくらあっても成果をあげることはできない。次に、「授業の原則十カ条」は、「教え育てる」職業に就いている者であれば必須の知識であり、身につけるべき技術だからである。

ただし、これらを二時間ぶっ通しで喋り倒して、ついてこられる参加者がどれだけいるか、という問題がある。

ゆえに、次の二つの方策を取った。

一つは、六十分と五十分の二パーツに分け、合間に十分間の休憩を挟むことである。

二つめは、前半六十分間をさらに小さなパーツに分けたことである。同行したサークルメンバーにそれぞれ十分程度のミニ講座を持たせ、介入・解説を行った。「授業の原則十カ条」「発達障害への対応」この二つの視点から、解説をし、教材の価値や教授行為の意義を明らかにしていったのである。

後半五十分は私の話である。話であるが、授業として行った。「授業の原則十カ条」の授業である。

講座スタート直後から参加者の反応が目に見えて変わり、歓声が大きくなっていくのを興味深く眺めた。講座の結果、二十セット新たに用意した東京教育技術研究所の「発達障害児本人の訴え」が十九セット売れた。また、『授業の腕をあげる法則』の購入希望者が十名を超えた。

そして、五つの保育園から園内研修講師の依頼が来た。保育園幼稚園の先生方との「合同学習会」の開催も決定した。

全国保育園保健師看護師連絡会の並木由美江会長は、「私たちの活動から、小中学校と保育園幼稚園との意味のある連携が広まっていくといいです」と力を込めて語った。

学校現場でがんばるのはもちろんのこと、医療、幼保との連携にも進んで取り組むのが良い。子どもの幸せにつながるからである。まずは最寄りの保育園、幼稚園を訪問し、合同研修会の提案をしてみてほしい。

幼保と学校がさらに結びつきを強めることは、子どもたちの幸せに直結する。

❺ 力量向上が保障された校内研修を開催しよう

一 平時を大事にした上で有事に対応する

第二章にこう書いた。

「生徒指導に携わる教師には、大きく言って次の三点が要る。

> 1 人間の発達に関する深い理解。
> 2 発達障害・情緒障害の知識と具体的な対応技術。
> 3 全員を巻き込み、成功体験を積ませ得る授業力。

これらを踏まえた上で、いわゆる『毅然とした対応』ができることが重要だ。ただ闇雲に『子どものわがままを許さない』こと、『要求に屈しない』ことを、『毅然とした対応』だと勘違いしている教師が少なからず存在する」

「特別支援だから叱ってはいけない」

「すべて受け入れなければならない」

こういう思い込みで実践して、学級や授業を荒らしてしまう教師が、特に若手に多くいるという。

指導すべきを指導しなければ、学校は成り立たない。集団の質も高まらない。弱い部分（教師にも生徒にも）に皺寄せが行き、苦しむ人間が次々出てくることになる。

上記三点を踏まえて平時に「土台」を固めた上で、いざ有事となれば、言うべき時に、言うべきことを、言うべき形で言うことが重要なのである。

特別支援教育をビルトインすることで、これが可能となる。

二　ある有事への、対応の事実

二〇××年の、勤務校の文化祭・合唱コンクール。担任を持たない私は、休憩時間を有意義に過ごしてほしいと考え、会場に理科、数学、英語ブースを作った。どのブースにもたくさんの生徒が集まった。良い反応だった。

二度目の休憩中、ＰＴＡ会長から言われた。

「昨年と空気が違います」

その前の週に開催された郡市の駅伝大会では、閉会式にて、勤務校が名指しでそのマナーの良さ、返事の良さ、目の前を走る全学校全生徒を応援する姿勢の素晴らしさを褒められたという。異例のことである。

その二年前、私は三学年担任。生徒有志と力を合わせ、学校のほころびを修復した。

しかし、次の年、三学年が崩れた。大暴れをするのではない。無気力と利己主義に多くが侵されたのだ。空気は濁りに濁った。文化祭。私は生徒指導主任、一学年主任として、たった一人で三学年生徒、三学年保護者、一部職員と闘った。文化祭の閉会式直前、私は強烈な問題提起をした。閉会後保護者数名が校長室に怒鳴りこむくらいに、である。私のもとにはただ一人として来なかった。負けると分かっているからだろう。不当な圧力や学校を駄目にする勢力に、私は絶対に負けない。負けられない。

この年、私は卒業式当日も、翌日も闘った。守ってくれる大人はいなかったが、何人もの生徒が共に歩んでくれた。

そして、今年度。学校は再び落ち着きを取り戻した。

「三年生の質が、学校を規定するのですよ。今年の三年が落ち着いて、後輩たちのことも考えつつがんばっているから、学校の空気が変わったのです」

私はこう答えた。会長は嬉しそうに頷いた。

子どもの事実を見れば良い。あの闘いがあって、この事実がある。同僚にそう評された。

三　力量向上が保障された校内研修を実施しよう

二〇一三年一月二十一日（月）放課後。三年職員が私立高校入試の事前指導を終えた後、今年度十回目の校内研修を開催した。

生徒指導と特別支援教育がテーマである。

早速、『総合リハビリテーション』誌二〇一三年一月号掲載の、宮尾益知氏と谷和樹氏の論文を活用した。宮尾氏の論文で過去の研修のおさらいをし、谷氏の具体的な論文を読み合わせた。

「このような傾向を示す子どもはいませんか」

職員から、具体的な子どもの名前が次々とあがった。彼らへの対応の工夫と、現時点での担任、授業者の悩みを共有した。

四月当初に比べ、だいぶ落ち着いてきたことがどの教師からも指摘された。小学校時代不登校だった生徒も、特別な支援のおかげで、不登校に陥らずに登校することができている。注意欠陥傾向の強い生徒も衝動性の強い生徒も、教師の工夫により不適応を起こさず授業に参加することができている。

実践の方向性は間違っていない。

私は、二学年の男女数名に対し二学期に六十日間行った国語の補習により生まれた事実を紹介し、一学年も面倒をみることを伝えた。

読み書きの力と計算の力。

これらをきちんとつけてやれば、生徒は勉強を捨てない。英語がちんぷんかんぷんだという生徒はどの学年にも複数いるが、誰も彼も、授業をきちんと受けている。

中学生にとって勉強を捨てないということは、多くの場合、人生を捨てないことと同義だ。すべての生徒を落ちこぼさぬ努力を、すべての生徒の自尊心を授業で高める努力を、それぞれの教師が重ねれば、生徒は荒れない。

目の前の生徒、一人ひとりの自立。

十年後、二十五歳になった彼らの姿を常にイメージしようという合言葉で、職員一同ひきつづき努力する。そう確認した。

校長の指導講評では、このような研修をしている中学校が多くはないこと、校内研修が勤務校の教育の質を確実に高めていること、今後も模擬授業研修と生徒指導、特別支援教育研修を続けていきたい旨話があった。

発達障害や情緒障害の特性を学び、対応スキルを身につけるべく模擬授業研修やケーススタディに取り組む。力量向上が保障された校内研修が日本全国に広まることを祈る。

❻ コーディネーターの動きが鍵である

一　未だ重要性の認知度は低い

中学校では未だに特別支援教育コーディネーターを軽視しているところが少なくない。ここで軽視と断定する根拠は、たとえば「臨時採用」や「非常勤」をコーディネーターに充てていることである。もうそれだけでその学校の識見を疑わざるを得ない。

また、コーディネーターの連絡会に、各校からひとりが出席することになっているにもかかわらず、複数の学校が人を寄越さないことである。「どうでもいいこと」と思っているから出張させないで留め置くのである。公的研修の質の低さによってコーディネーターの能力が底上げされないことも事実なのである（私は県議会議員に相談し、研修に同行してもらったことがある）。

ＡＤＨＤ、ＬＤ、ＡＳＤ等の名称や特性に関する「知識」は随分と広まった。しかし、支援を要する個々の生徒への対応技術・技能までは、まだフォローされていないのが実情だ。いくら特性を知っても、対応することができなければ、特別支援教育は絵に描いた餅で終わる。子どもは悩み苦しんだままだ。

本著やセミナーで学び続けている人が、それぞれの足元で問題提起をし、草の根の改革運動を進めていくのが大事だと私は信じる。

二　コーディネーターの役割を明示する

勤務校での実践について書く。

コーディネーターとして以下の役割を果たすことを、私は毎年会議で提案し、職員に周知している。

(1)校内の関係者や関係機関との連絡調整
①担任、主任、カウンセラー、相談員等校内の関係者との連絡調整
②関係機関との連絡調整
(2)保護者との相談の場の設定
①保護者への情報提供
②保護者との相談
③保護者への支援体制の確立
(3)担任、授業担当者への支援
①担任から相談が来ない場合の働きかけ
②担任から収集した情報の整理
③明らかにされた「困り感」への、組織的対応
(4)巡回相談や専門家チーム、関係諸機関との連携
①巡回相談員との連携
②専門家チームとの連携
③医療、福祉との連携
(5)校内委員会の推進役
①校内委員会の立ち上げと円滑運用
②児童生徒の情報収集と理解
③個別のケース会議の組織、開催
④教育支援計画、指導計画作成への関与
⑤校内研修の企画・運営

（5）の⑤「校内研修の企画・運営」とは、

教職員の特別支援の知識と対応力、そして特別支援を要する児童生徒に学力を保障するための授業力を高めることを目的とした研修を企画し、運営することである。

当然ながら、発達のアセスメントについても研修する。行動観察の仕方、指導要録や報告書の読み方、テストや作品、ノートの分析、聞き取りの留意点、各種検査の情報。これらを共有する。なぜ共有が必要か。

適切なアセスメントがあって初めて、適切な対応が為されるからである。

実際の研修では、文部科学省が行った全国実態調査の質問項目を用いたチェックリストを活用したり、WISC等の個別の知能検査、K－ABCや田中ビネー式検査、S－M社会生活能力検査等の学習会を開いたりした。評価→現状把握→目標設定→手立ての明確化→指導（→評価→……）。このサイクルで生徒個々の支援を考え、実践することもした。

このように役割を文書化し明示しているから、同僚がコーディネーターを「活用」しやすくなる。同時に、こちらの「要求」も通しやすくなる。体制づくりや研修企画等、こちらからアクションを起こさなければ進まない案件が現場には数多くある。予め全体像を示しておけば、スムーズに事を進めることができるのである。

もちろん文書化することは、「後任への引き継ぎの効率化」も兼ねている。

個人の能力に頼り切り人が変わると質が急落するような「属人的」なシステムを排し、担当が代わろうとも質が保たれるシステムを構築するのもまたコーディネーターの重要な仕事である。それはもちろん、特別支援教育に限った話ではない。教務主任も、生徒指導主事も、進路指導主事や保健主事も、同じである。

三　コーディネーターの責務を果たす

以上の役割一覧に従って、毎年活動している。

たとえばある年の一学期の動きはこうである。

3月第4週　小学校との引き継ぎ会（全二回）に同席、「小中連携シート」検討
4月第1週　一学年職員への情報共有と基本方針決定
4月第2週　「生徒の学習に配慮するためのチェックシート」実施、NRT・知能検査実施
4月第3週　全学級スクリーニング
4月第4週　臨床心理士とのスクリーニング、PRS実施、各ケースの年間ゴールと短期目標設定、個別の指導計画作成
5月第2週　第一回校内模擬授業研修実施
5月第3週　特別支援学校への巡回相談依頼
5月第4週　NRT・知能検査結果分析、支援方法の列挙
6月第1週　県の辞令を受け、小中兼務開始（授業と生徒指導で週三時間）
6月第2週　地域非行防止ネットワークサポートチーム連絡協議会実施
6月第3週　第一回特別支援教育研修実施
6月第4週　保護者面談を受けて保健所のカウンセリング（精神科医）予約

7月第1週　病院付き添い（心療内科）、情報提供
7月第2週　保健所付き添い、情報提供
7月第3週　生徒指導委員会（生徒指導主事は長谷川）と連携した夏季休業中の支援方針、支援方法の確認
7月第4週　家庭支援の一環で、福祉へのヘルパー派遣要請、指導計画の見直し

この他に、個別のケース会議開催にあたっての保護者との面談（情報共有と短期・中期・長期目標の設定、家庭での習慣づくり等がテーマ）が複数入った。すべて同席した。

コーディネーターの動き方次第で、児童生徒への支援も家庭支援もかなり進むことを、経験上強く実感している。読者の勤務校では、どんな動きが展開されているだろうか。

7 ここまでして初めて、中学校が変わる

一　教師は授業で勝負する

発達障害の知識を持つ教員が増えてきた。

次にすべきは、その知識を基に対応スキルを磨き、同時に授業力を高め、授業の場で生徒のセルフエスティーム（自己肯定感）を高める努力をすることである。

これがないと、中学校の荒れや無気力、無関心は解消されない。知識だけでは課題解決に至らないのである。

たとえば、私が毎日毎時間常に行っているのは次である。

一時間に最低一度は一人残らず全員に、成功体験を積ませること。

一般に、学習の苦手な生徒や荒れている生徒には授業時間の中に活躍する場がない。五十分ただ椅子に腰掛けている状態だ。これはつらい。できないことが続けば、「やらない」を選択し自己防衛を図るのが中学生だ。授業の場で山ほどの失敗体験をし、自己不全感を強化させられていく。それが非行・問題行動や不登校の「種」となる。

成功体験を積ませられない授業は、生徒を駄目にする。犯罪のようなものである。

一人ひとりに成功体験を積ませるために大切なのは、様々な学習活動を組み込むことで授業に変化をつけ、「俺はこの場面なら活躍できる」という場を設ける工夫である。

国語ならば、漢字学習、音読、暗唱、読解、古文常識、作文、スピーチ、討論など一時間の授業の中で様々な活動を組むことが可能だ。ある活動で評価が難しい生徒も、別の活動では大いに評価されるということは往々にしてある。

活動への褒め言葉でもいい、ノートに赤丸でもいい。全員に、認め、褒められる場を保障するのである。私は毎時間必ず一度は、教室にいる全員のノートに丸をつける。全員を、最低一度は褒める。

以前、他学年に、常に授業終了五分前に教室に入ってくる男子たちがいた。授業道具は持って来ない。手ぶらで登校する。

私は教科書、ノート、漢字スキル、筆記用具のセットを五セット常に準備しておいた。彼らの机の上に置いておいたのである。

彼らが音読をしなかろうがなんだろうが、淡々と授業を進めた。

そして、学習の蓄積がない子どもでも答えられるように、たとえば十個の発問のうち二つ三つを選択肢の形にした。「答えは次のア、イ、ウから一つ選んでノートに書きなさい」としたわけである。

これなら答えられる。ノートに書ける。

それだけではない。選択肢は三つだが、そのうち一つはとんでもないものにする。

たとえば登場人物の数を訊く時に、「ア、6人。イ、8人。ウ、2000人」と言う。言った瞬間に笑いが起こる。場が和む。やんちゃの中にはウと書く者もいる。その場合、「ああ、あなたは『絶対に間違っていると考えた選択肢』を書いたんだよな。本当はアかイだと思っているんだよな」と畳み掛ける。実際に、「消去法ならば〇！」などと赤鉛筆で書く。

このように、相手の想定外の角度から切り込み、上を行けばいいのである。

金髪だった一人は、十一月、自分から音読をするようになった。そして一月。『中学生のための暗唱詩文集』を用いた暗唱テストに挑み、合格した。

毎時間相手にされ、認められ、褒められれば、少年院を出てきた、「札付きのワル」と言われた生徒でさえも、変わったのである。

二　職員の授業力向上システムを構築する

授業で全員に成功体験を保障する。

授業でできないことをできるようにさせ、セルフエスティームを向上させる。

授業で教師―生徒間の人間関係を構築し、発展させる。授業で積極的な生徒指導を行う。

これが、現場の最優先課題である。

この課題をいかに乗り越えるか。

校内研修を活用するのが良い。

まずは発達障害の（可能性のある）生徒の情報共有をする。同時に、問題行動を模倣する生徒、特別支援を要する生徒を故意に刺激する生徒、彼らを陰でコントロールする生徒、学級のトラブルを期待し煽る生徒、意図的に「反抗してみせる」生徒、特別支援を要する生徒を排除しようとする生徒等を、所属学級と氏名を示しつつ、確認する。

次に、「言葉を削る」「説明でなく活動を通して理解させる」「変化のある授業をする」「テンポ良く発問・指示を出す」等の、対応の共通点を確認する。

それから個別の案件に入る。「いついつ、どこで、こんな出来事があった」と、事例の情報を共有する。

そして、本人の行動パターンと、想定し得る原因と、適切な対応とを提示し、今後の指導の見通しを立てる。

このパターンを勧める。

その上で実践である。

知識の共有で終えては、残念ながら現実を変えることはできない。知識を使いこなすための技能を鍛える場を設定する必要がある。

その一つが模擬授業研修である。

改善すべき傾向を持つ生徒をいかに活かすか。スポットライトを当てるか。褒めるか。

その視点で授業を作り、模擬授業をする。

たとえば学期に一回、五〜六名の教員が模擬授業をし、全職員でコメントをするという研修を企画し、実施するのだ。このような「関所」を設けると、研修時のみならず、毎日の生徒相手の授業も、改善の努力をする教員が増えていく（模擬授業研修については拙著『中学校を荒れから立て直す』を参照いただきたい）。

そのような具体的な努力の積み重ねで、授業は安定し、子どもたちの学びの姿勢も改善されていくのである。

全職員の授業力向上とそれを通した学校づくり。コーディネーターも関わりたい。そこまでやって初めて、「中学校が変わる」。

8「生徒の事実」に立脚して、研修する

一 事実を基に物を言う

赴任一年目から、授業も学級指導もすべてを公開してきた。研究授業や公開授業にも進んで手を挙げてきた。

事実を基に物を言う。

それでこそ周りも納得する。

目の前で次々に展開する「子どもの事実」。それはどのような思想で、どのような方法で生まれるのか。

理論から入るのではなく、事実を示し、そののちに背後にある理論を説く。

実践者の端くれとして、生徒指導、特別支援、校内研修をリードする立場として、この姿勢を貫いてきた。

先日も指導主事を招くいわゆる「要請訪問」で研究授業をした。

要請訪問は、給食・清掃後に生徒を帰し、授業する学級だけを残して行う。年に二回の実施である。

これとは別に指導担当訪問というのが年に一度ある。こちらは指導主事が七名ほど来校し、全教員が「公開

授業」をする。

今回の授業は中三、国語。分析批評である。短編小説を読み解いていく。

いつもどおりに生徒が思考し、書き、発言し、討論した。

国語の得意な生徒が誤答し、学習に苦手意識を持つ生徒が正解を言う、いわゆる「逆転現象」も起きた。

授業をしていて、心底楽しかった。

ビデオを見返すと、私も生徒も、終始笑顔で授業が進んでいた。

二　教師を超える生徒の実力

後の協議で、数名の教師が「生徒のスピードについていけなかった」と言った。

思考速度・処理速度で生徒に負けているのである。授業の成果と言えよう。

「なぜあのように読めるのかわからない」

「あのテンポにどうして全員がついていけるのか。自分の授業と比べて落ち込んだ」

「自分の授業と比べていろいろと考えてしまい、くらくらした」

そんな発言も出た。

かたや分析批評で鍛えた生徒。

かたや読解から、いや、真剣な読書から遠ざかって久しい教師。

その差は歴然としていた。

生まれつきのセンスは低くとも、新卒時代から学び続けた自分。

多量の読書や模擬授業、研修会参加等の勉強をしてこなかった教師たち。

あえて書くが、その差もまた、歴然としていた。

先天的な差ではない。あくまでも、修業の差である。誰でも、努力すれば、腕をあげることができる。

子どもの成長は教師の成長に規定される。

我が師向山洋一氏の言葉。同僚にも常に伝えてきた。

教師が勉強を続け、授業力を高めれば、それに応じた「子どもの事実」が生まれる。

勉強し続けることは、教師の使命である。程度の低い授業を受けさせられる子どもの思いを想像できれば、行動するはずなのだ。それが「子どもを大切にする」ことの第一であるはずだ。

生徒に勉強しろと説く教師が、生徒の数倍勉強する。

それを勤務校のみならず教育界のスタンダードにしなければ日本の教育に先はないという危機感が、私にはある。

三　研究協議も、事実を基に

さて、研究協議会である。

会議室に入った瞬間に目に飛び込んできたものがある。

指導主事が腰掛ける、その前に置かれた一冊の本。

『授業の腕をあげる法則』（向山洋一）

指導案で取り上げた、勤務校の校内研修の「バイブル」である。

「恥ずかしながら、初めて読みました」

指導主事は講話の中で本に触れた。

「そんなに言い切っていいのかと思うところもあったが、勉強になった」

「今日の授業には、長谷川先生が学んでいる研究団体の方法がたくさん用いられていた。使えるところは使い、授業を変えていかなければならない」

よくある話である。「いいとこ取り」の弊害まで、話が展開することはない。

直後の「御礼」で校長が言ったことがおもしろかった。

「ここに書かれていることが子どもにとって価値があることは、この学校の事実が証明している」

「先日教育長と人事評価の面談を二十分間行ったが、その際に『こういうものを職員が作ってがんばっている』と、この本を基に長谷川が作成した『授業を見る視点・する視点』を紹介した。教育長は『これはまさに私が言ってきたことじゃないか』と言った。素晴しい取り組みだ、さらにやってほしいと言われたから、この方向で、さらに授業改革を進めていきたい」

校長は指導主事に切り返したわけである。理念でお茶を濁すのでなく、子どもの事実で語ろう、と。面白かった。気概を感じた。

❾授業を核とした、通年の小中連携を構築する！

一　教師十二年目、小中兼務となる

県教委からの人事異動通知書を受け取った。「〇〇小学校教諭を兼ねること」とある。いわゆる「兼務発令」である。

これで正式に、小学校での「授業」と、「生徒指導委員会への出席」が可能となった。

私の教員免許は中高国語であるが、小学校の事情で、六年生の算数を受け持つこととなった。習熟度別の、一番下のクラスの授業にＴ２（授業に入り、授業者、学習者を支援する役）として出るよう命じられた。以降毎週火曜日午後と水曜日午前、私は小学校に出向いている。

様々な課題が見えてくる。子どもの問題ではない。教師が指導を改善すべきなのである。

第一は授業である。中学校の授業も確かに克服すべき課題が多い。だが、小学校の授業もまた、同様である。たとえば、五時間目開始のチャイムが鳴っても授業が始まらない。三分経って初めて移動していく子もいれば、五分経ってようやく体育着になる子もいる。中学校ではありえない光景である。

授業開始直後から突っ伏している子もいれば、ずっと肘をついて斜めに見ている子もいれば、帽子をかぶりっぱなし（障害はない）の子もいれば、顔を上げて寝ている子もいる。しかし、対応はほとんど為されない。途中に確認が一切入らないから、進む子はどんどん進むが、取り組まない子は何もやらずに授業が進んでいく。

先日見た国語の授業もそうであった。『枕草子』を音読させた後で「自分の『春はあけぼの』を作文しなさい」と言って枠だけの紙を配り、「春は……」を書かせる授業だった。

どうなったか。理由もつけてまともに完成したのは一名。半数が途中でチャイム。三名はほぼ白紙、うち一名はチャイムと同時に書いた文章を鉛筆でぐしゃぐしゃに消してしまった。

なぜそうなるか。書き方を教えず、例示もせず、交流もさせず、ただ自力で書かせたからだ。途中の評価評定もなかった。ステップが粗すぎだ。いや、授業にステップがないのだ。丸投げ状態で書かせて、できたものだけを評価する。そんなのは「授業」ではない。

こういうことを、「お客さん」としてではなく、「職員」の立場で意見できる。これが兼務発令制度の良さである。

授業での連携。これをしないと、本当のところが見えてこない。年間二時間程度の「小中合同研修会」では駄目だ。毎週足を運び、子どもたちと授業で関わるからこそわかることがある。そして、授業で関わるからこそ、

「教育」ができる。

小中連携と言うならば、ここまでしなければ効果は薄い。

県教委からの研究委嘱で「中一ギャップ解消のための小中連携事業」に二年間取り組み、「連携シート」(個々の生徒のカルテのようなもの。小一から中三までの指導記録がファイリングされる)や「合同研修会」を数年間続けてきた者としての、実感である。

二　足元を固め、主張し、現状を変える

職員と関係機関の真摯な努力によって、勤務校の非行・問題行動は激減した。

現在は「小中学校不登校完全ゼロ」を達成すべく、取り組んでいる。

授業改革、生徒指導の組織化、教育相談のシステム化、いじめ発見・対応のシステムの構築。ざっと見て、勤務地の小学校ではこれらが圧倒的に弱い。

中学が優れていると言いたいのではない。勤務地の場合は、中学の生徒指導、教育相談、特別支援教育のシステムを小学校に移し、根付かせ、発展させる必要があるのである。

生徒指導も教育相談も特別支援も、小学校入学直後からの、諸機関との連携が鍵だ。就学時健診の改善も急務だ。

一学期に特別支援学校での会議があった。私は第四分科会「小中学校特別支援教育コーディネーター部会」に出席し、次のように述べた。

「出席者がこれほどまでに少ない状態ではお話にならない。ここに出席していない学校は、特別支援教育の体制をつくっていない。不参加が、意識の低さの表れなのだ。集める意図と相手方のメリットを前面に押し出して、悉皆《しっかい》研修にすべきである」

特別支援学校のコーディネーターは「そのとおりです。このままでは駄目です」と言った。各市町村の福祉課長が出席していたのだが、各学校の特別支援教育の「手抜き」状況を嘆いていた。会議では私への質問と要請（哀願）が相次いだ。

「親御さん自体が発達障害なのです」

「学校の教育、先生方の対応で、二次的な障害を引き起こしてしまっているのです」

「ある学校では、いまだにコーディネーターに臨時採用や非常勤を充てています。ふざけないでと言いたいのです」

「長谷川先生、なんとかしてください」

学校が手を抜いている分、保護者の怒りや不満、相談は福祉課窓口に集中するのである。中には、「自分は小中学校時代の良い思い出を一つも持っていない。学校は悪だ」と毎日クレームをつけてくる保護者もいるという。

「一教師ですから、三十を超える小中学校に一言述べる機会はありません。でも、生徒指導主任も兼ねていますから、十六の中学校の生徒指導主任には話をすることが可能です。とりいそぎ、今月協議会がありますから、その場で各校の特別支援教育体制を整備するように主張します。生徒指導にも必須ですから」

私はそう約束し、実行した。

完全実施から四年を経ても未だ特別支援教育の理解と情熱が薄い。意識の高い者がそれぞれの場で主張し、システムを構築する必要がある。動くのは、私たちである。まず、小中で特別支援教育コーディネーター同士の企画会議を開こう。積極的に活動しているコーディネーターを招聘し、レクチャーを依頼すると良い。

⑩ 教育現場と専門医・研究者をつなぐことで成果を上げる

一　対応委員会で具体的な動きを作る

私は日本小児科連絡協議会が設置した「発達障害への対応委員会」の委員として活動している。教育現場からの参加は私一人である。為すべきは、医療と教育現場、そして行政をつなぐことである。

メンバーは以下の通りである。

平岩幹男氏（日本小児保健協会常任理事）
秋山千枝子氏（日本小児科医会理事）
竹内義博氏（日本小児科学会理事）
宮島佑氏（東京医科大学教授）
小枝達也氏（鳥取大学教授・附属小校長）
岡明氏（東京大学小児科）
神尾陽子氏（国立精神・神経医療研究センター児童・思春期精神保健研究部長）
小澤至賢氏（国立特別支援教育総合研究所主任研究員）
東島恵美子氏（国立共同研究機構生理学研究所神経シグナル伝達部門）
並木由美江氏（全国保育園保健師看護師連絡協議会会長）
長谷川博之（特定非営利法人埼玉教育技術研究所代表理事）

第四回委員会では、乳幼児健診、三歳児健診、五歳児健診の実態と課題について、各分野のエキスパートが熱い議論を闘わせた。

会議の一部を議事録から紹介する。

話題提供1　秋山委員

「乳幼児健診の課題」

乳幼児健診の目的は発達障害児の早期発見と児童虐待の早期発見が今日的課題となっている。健診では様々な面から評価しているが、乳児期にばらつきのある運動発達も一歳六カ月ころから収束してくる。しかし社会的発達のばらつきについては今後の検討が必要である。障害を発見した場合にどのようにフォローするかも重要な課題であり、三鷹市におけるフォローを紹介した。五歳児健診については試行として行ったが、まだまだ参加する小児科医が少なく、全体への広がりが出来ているとはいえない。乳幼児期に保護者が感じる育てにくさへの対応も三鷹市ではリーフレットを作るなどしているが、十分に活用されているとは言えない。一歳六カ月時健診におけるM－CHATについては、外来で行った限りでは自閉症児の発見にはつながらなかった。これについては神尾委員より、コミュニティベースの検討ではM－CHATを用いることにより適切に発見されており、今回の秋山委員の検討では母集団が少ないことから妥当性の検討は困難であるという意見が出された。発達障害や虐待対応を目的とした医師が行う乳幼児健診については、具体的な手法も含めて多くの課題があり、その検討が必要と考えられる。

話題提供2　平岩委員

「乳幼児健診と発達障害」

実際に乳幼児健診の場では、発達障害が疑われても、疑い～診断という形でレッテルだけを貼られて対応がなされていない場合が少なくない。そうした保護者の一部は正確な診断や適切な対応を求めて「難民」化しているという現状がある。特に発達障害では外から見ただけではわからないので、社会における理解の不足もあいまってそうした事態にしばしば遭遇する。M－CHATについてもコミュニティベースでのデータは出てきつつあるがクリニックベースのデータはない。自閉症の診断についてはまだまだ問題が多い。

活発な議論や討論から

M－CHATをめぐる議論の中で、神尾委員からはこれにより五歳までのフォローでは五〇パーセントがヒットすること、保護者が気づく前からの介入も可能であることが述べられた。これに対して小枝委員からは「保護者の気づき」が重要であり、それが介入の契機となるべきであるという意見が出された。この問題は、コミュニティーベースでの調査と実際のクリニックでの外来対応とは必ずしも同じではないこと、高機能障害児の発見や介入とカナー型（自閉症）の発見や対応は同じではないこと、地域で利用できる社会資源が地域によって同じではないこと、対応すべき社会資源の位置づけが明確ではないことなどの問題点があることによって、簡単には結論が出る問題ではなく、今後も議論が必要であると思われる。並木委員よりＭ－ＣＨＡＴのチェックを保育園で行っていることなどの意見も述べられた。小枝委員より学校保健安全法の改正により学校現場での対応が必要となったこと、したがって対応が急務であることが述べられ、これについては今後検討課題とすることとなった。

議論のための議論でなく、日本医師会への提言など具体的な動きを作り出す場だから、たいへんやり甲斐がある。

平成二十五年六月二十八日（金）の会議では、まず東京大学小児科の岡明委員より、児童虐待と児童養護施設での問題点を中心として報告があった。児童養護施設においても発達障害を抱えた子どもたちは増加しており、決して良好とはいえない環境下で対応せざるを得ない現状である。職員の教育を含め、まだまだ環境整備が必要であることも強調された。小児科医がこうした施設に積極的に関わっていくことの重要性についても提案がなされた。また東京都においては専門機能強化型児童養護施設の展開が図られており、その説明もなされた。

当初予定されていた宍戸委員（東島氏）が欠席したため、平岩委員より、現在の民間での自閉症療育の状況と、どのようなエージェントがどのようなサービスを、どのような価格で提供しているかについて、「取り扱い注意」の資料に基づいて説明があった。現在では自閉症の療育に関わるために必要な資格はなく、いわば学習塾と同じような位置づけになっていること、平成二十四年度の障害者通所支援の規制緩和によって多くの株式会社や事業者が参入しており、療育の質を維持できない現状があることついても報告があった。岡委員より今後は療育費の公費負担の検討も必要ではないかとの指摘があった。

平成二十五年九月二十八日（土）は小児保健学会（長谷川も登壇した）の合間に開催し、小枝委員より「ディスレクシア・キャンプ」の報告があった。

専門医や研究者と同じテーブルを囲んで療育や教育の課題を議論する。貴重な会である。

二　教育現場と専門家とをつなぐ

私が「教育現場での発達障害への対応」についてミニレクチャーを行った際は、ＥＴＶ「輝け二十八の瞳～学び合い支えあう教室～」（子ども同士が教え合って授業が進む「学び合い」という授業形態を賛美する内容。勉強の苦手な生徒が怒鳴られ、泣き出す場面をも肯定している）の映像を示し、意見を求めた。

「ひどいね」「ありえないね」ため息が聞こえた。

「今の時期、学校公開している場に行くと、こういう授業が少なくないよ」

「今日は外来をやったのだけど、今日来たのは小学校二年生で、高機能自閉症で、知的には会話能力はまったく正常。だけど読み書き障害があって、算数障害がある。それで通常学級にいる。

それで、この映像に似たような状況になって、先生に怒鳴られて、『支援学級に行け』と言われた。支援学級に行けば解決する問題じゃないということで、一時間くらいやってきた」

「『学び合い』というと先生が手抜きしているに過ぎないようなのが実際にあります。埼玉でもそうです」

「発達障害の子には意味がない」

専門医たちのコメントが続いた。

この後、「ＴＯＳＳが大事にしている、教えて、褒める教育」の、現場での有用性と効用について話した。そして、授業と、学級活動の映像を示した。

座長の平岩氏から、「すごいね。これが事実だよね」「発達障害の子どもを確実に伸ばしている」「でも先生方、これはジャパンスタンダードではないからね。教育界の異端だからね」「ＴＯＳＳの先生方は熱心なんだ。だから僕も呼ばれると出向くんだ」

などの発言があった。

竹内副委員長からは、「人的環境を整えること、大賛成です。学校が立ち直る、そのためにあのようなことをして、およそどれくらいの期間がかかりましたか」等の質問をもらった。

神尾氏からも「すばらしいのに、どうして広まらないの。教育界はどういう構造なの。教えて褒める、まっとうな教育です」等の発言があった。

私は、学校現場における発達障害の子どもたちへの対応の実態を更に広く深くレポートすることを約束した。

私は教師である。本委員会に集う専門医と研究者たちの力を借りて、教育現場の課題解決を目指す。まずは就学時健診のシステムを改革する。それには行政との交渉も必要になる。社会貢献活動を通して連携を深めてきた国会議員、県議会議員、市議会議員等志ある方々の協力も得て進めたい。（二〇一四年二月、衆議院議員会館で義家弘介氏と対談した）

就学児健診の課題が克服されれば、各学校は、健診後の「対応システムづくり」と、各教師の「授業力向上」とに専念できるはずである。大事なのは「健診の後」「診断の後」、「スクリーニングの後」なのである。

第4章

「これが長谷川学級だ！」
仲間による「学級・授業参観記」

❶ 長谷川学級参観記（兵藤淳人氏）

一　長谷川学級参観

二〇一三年五月二十日、長谷川博之氏の学級を訪問した。現在、長谷川氏は中学三年生を担任している。一年生・二年生の時は学年主任として関わってきた子どもたちである。今回は、長谷川氏の学級の授業一時間を見学することとなった。

授業開始直前に教室へ向かうこととなった。まず目に飛び込んできたのが、教室の廊下にある掲示物だ。かわいいキャラクターの下にあるクラスの名簿や、おそらく英語の課題である「MY FAVORITE WORDS（「私の好きな言葉」）」、クラスメイト一人ひとりの写真などが飾ってあり、教室前方の扉には、クラスの集合写真と、「dangerous class!」と言っている芋虫のキャラクター。とても伸びやかな子どもたちの様子が掲示物から伝わってくる。

しかし、教室の中に入ると、それとは対照的に、整然と座り、すでに授業準備万端の子どもたちがいた。教室に入り、「こんにちは」と言うと、大きな声で「こんにちは」と返ってきた。それからすぐに、それぞれの勉強に戻っていった。四月と比べ、緊張感が薄れがちな時期だが、長谷川氏の学級では、授業開始から心地よい緊張感が教室を包んでいた。

二　長谷川学級の子どもたち

授業は、漢字スキルのテスト→暗唱→本時の三つのパーツで構成されていた。その中で特に印象的だったのが、次の三つである。

1　男女の仲が良いこと。
2　他者の発表をよく聞いていること。
3　間違いを恐れていないこと。

一つ目は、男女の仲が良いことである。授業の中で、近くの人と意見を交換する場面がいくつもあった。私自身、授業でよく使う手法だが、前後の人、つまり同性同士で相談を始めてしまうことが多い。しかし、長谷川氏の学級では、隣同士で気兼ねなく相談していた。

「待って、私が先に言うね」など、コミュニケーションをしながらのやりとりは、見ていて微笑ましいものだった。しかも、本当に「全員」が、話し合いをしている。性別を気にして、話すことをいやがっている生徒、話し合いをしない生徒は一人もいなかった。

二つ目は、他の人の発表を本当によく聞いているということだ。

授業の中で、俳句を列指名で音読する場面があった。その二人目が読み終わったときに、長谷川氏は音読を中断させ、「今、一二人の読み方が違いましたね」と問うた。

正直に言うと、私には全く違いが分からなかった。しかし、生徒は違った。

「切りながら読んでいたのはどちらですか」と長谷川氏が問うと、全員が二人目に読んだ生徒の方に手を挙げた。

俳句だからとても短い。しかも長谷川氏の授業はテンポ良く進む。その中で音読の違いをはっきりと聞き取ることができるということに驚いた。違いがわかるくらい、真剣に聞く。それが自然に出来ているということだ。

三つ目は、誰もが間違えることを恐れていないということだ。印象的な場面が二つある。一つは、漢字テストの採点で、一人だけが百点を取れていなかったのだが、その生徒は、まったく恥ずかしがるような様子はなかった。

もう一つは「万緑の中や吾子の歯生え初むる」の俳句が授業中に出てきたときだ。その際に、自分なりの読み方で読む場面があった。まだ読み仮名を確認していないため「吾子」の読みがわからない、という状態だ。にも関わらず、指名された生徒は、臆せず読んでいた。たどたどしく、つっかえながらの生徒もいたが、決して恥ずかしそうな様子はなかった。

男女仲が良く、他の人の発表もしっかりと聞き、自分が発表する際には間違えを恐れない。とても温かで心地よい空気が学級を包んでいた。

三　子どもたちが作った教室掲示

どうして、そのような空気が生まれるのか。その答えの一端を教室掲示に見いだした。

今年度の長谷川氏の学級には、様々な教室掲示がある。前面はすっきりしており、黒板横に連絡黒板、時間割、月予定、日程表があるくらいだ。側面は学級通信、学年通信（これも長谷川氏が書いている）、などの各種お便り、献立表や給食当番の表、そして当番表や班活動などが掲示されている。

背面は、とても賑やかである。ふれあい囲碁（拡大版）があったり、子どもたちの写真があったり、亀がいたりもする。全体的に掲示物の数はそんなに多くはなく、隙間は多い。だが、子どもたちが興味を引くようなものが多いのが印象的だ。（二学期には前面以外隙間なく掲示物が作られた）

それらの掲示物について、長谷川氏は何も指示をしていないという。すべて子どもたちが係活動の中で発案し、作ったのだというのだから、驚きだ。

それらの掲示物を見て感じたことがある。一つは、子どもたちが、クラスメイト一人ひとりを大切にしているということだ。扉にはクラスの集合写真が飾ってある。教室の中、そして教室廊下の両方には子どもたちの一人ひとりの写真がある。教室の中の写真には、子どもたちの生き生きとした様子が写っている。廊下には、一人ひとりの写真にコメントが書いてある。係の子たちが、それぞれのよいところをマーカーで記入したのだ。同じ学級の仲間との生活を大切にしていこうとしているのがとてもよくわかる。

そしてもう一つは、長谷川氏を大切にしているということだ。

廊下に掲示してある「MY FAVORITE WORDS」には、長谷川氏から教わった言葉を書いた子が何名もいた。

廊下の個人写真には、長谷川氏の写真もある。また、教室の中には、長谷川氏の言葉が綴られた「今日の一言」という掲示物もある。毎日、長谷川氏がここに何か一言を書き、それを掲載しているのだという。これも、子どもたちが発案したものだ。

長谷川氏は、セミナーで次のように述べていたことがある。

何を言ったかではなく、誰が言ったかが大事。

長谷川氏への深い信頼関係があるから、子どもたちが長谷川氏からの言葉を大切にするのだろう。

四　長谷川氏による声かけ

そのような関係は一朝一夕でできるものではないだろう。だが、その一端を感じる場面が授業中にあった。

長谷川氏が板書をしているときである。長谷川氏は、書く文字を間違えてしまったときに、次のように言っ

た、

「失礼」

その言い方に、私は驚いた。子ども相手のことで何か間違えたときに、このような紳士的な謝り方をする教師に出会ったことがなかったからだ。

長谷川氏の言い方や振る舞いの多くに、人への礼や敬意が表れていると感じた。子どもの名前を呼ぶときに「君」「さん」をつけることはもちろん、「ですます口調」、「みなさん」など、一つ一つがとても丁寧な言い方なのだ。

「子どもと同じ目線で」という言葉をよく聞く。それは、教師が目線を下げるという意味だが、長谷川氏の場合は違う。子どもたちの方を、大人と同じ土俵に上げて接しているのだ。

そのように、自分たちを一人の人間として大切に扱ってくれる人の言葉だから、大切にしたいと思うのだろう。長谷川氏の子どもたちを大切にする姿勢が、学級へ波及するから、子どもたちも、クラスメイト一人ひとりを大切にしていこうとするのだと感じた。

五　長谷川のコメント

私は加配扱いの生徒指導主任ゆえ、県の規定により担任を持つことができない。二年間、学年主任として生徒と関わってきた。今年、学校が落ち着き加配がなくなったため、前記二つの主任職と共に中三の担任も務めることができるようになった。

飛び込みの担任であるゆえ、氏が指摘する三点のうち第一は前年度までの担任の指導の成果である。第二と三は二年間、国語の授業で責任を持って指導してきた。それが活きている。

教室を華やかにするのは「向山型係活動」である。新聞、写真、美術掲示、プランター、生き物飼育。中学生にもなればプロはだしの仕事が並ぶ。生活環境の質を生徒自ら高めているのだ。

❷長谷川の国語授業参観記（兵藤淳人氏）

一　指示や説明の要らない漢字学習

長谷川氏とともに教室に入る。子どもたちは全員席に着いていて、漢字テストの勉強をしていた。落ち着いた雰囲気が教室に満ちていた。

長谷川氏が「（今回の漢字テストの範囲は）とても難しいよな」と声をかけると、「余裕や」と口々に答える子どもたち。その様子だけで子どもたちの明るさ、伸びやかさが伝わる。

チャイムが鳴って、漢字スキルのテストがはじまる。何も指示をしなくても、自然と切り替えができている。

その後の採点チェックが恐ろしく速かった。一人ひとりの名前を呼んでいき、生徒は点数を伝えていくのだが、そのやりとりを計ってみると、一人につき、約一秒しかかかっていなかった。

二　空白禁止の原則が貫かれている

漢字スキルのチェックが終わると、間髪入れずに、前時に学習した論語の復習がはじまる。パーツ間が隙間なく切り替わるので、子どもたちもだれることがない。

その後、「ノート、新しいページ」と、本時の「徒然草」に入る。プリントでの学習のため、教科書などをしまわせた。しまわせている間に、黒板にタイトルを書く。このあたりも、授業の空白が生まれない組み立てになっていた。

プリントを配る際の指示に驚いた。

「教科書をプリントにして配るのには理由があります。プリントを見て、理由がわかったら立ちなさい」

この指示により、プリントをもらった瞬間から、生徒は考えはじめていた。

実際のプリントは、教科書の挿絵を隠しただけ（あとで子どもたちに絵を描かせて検討させるため）なのだが、子どもたちは、様々な理由を考えていた。「今日、勉強することが書いてあるから」「教科書が大きくて邪魔だから」など、次々と意見が出る。普通の学級では、「なぜプリントにしたのか」の問いで、ここまで発言が続かないだろう。

その後、音読がはじまる。古典の学習が二回目ということもあり、短く切りながら、①追い読み→②スピードを上げての追い読み→③一回読んだら座る→④点、丸交代読み（教師・生徒）⑤隣と交代読みと、パターンを変えて、何度も音読をさせていた。

最後は、一文交代読みで一人ずつ読んでいく。一人ひとりに「上手」「よし」と評価していた。

読むときに、誰かが間違えたりすると、教室で笑いが起こる。この笑いは、決して嘲笑ではない。ミスを温かく、笑いに変えている印象を受けた。だから、笑っていても、誰一人馬鹿にするような雰囲気はないし、温かな笑いに変えてもらうことで、臆せず再チャレンジできる、そのような雰囲気が教室を包んでいた。

三　参観ノートから本時の展開を再現する

音読が終わり、すぐさま「①」とノートに書くように指示を出す。間がないから、だれることなく切り替わる。

発問「登場人物が二人出てきます。その二人を古文から書き抜きなさい」

こういった作業のときには、先ほどとは一変して、比較的ゆったりと時間を取る。机間指導をしてヒントを出したり、「○○さん、できているな」「そうだな、よし」と声をかけていく。

対応はゆったりと。言わせたりするところはスピーディに。この緩急がとても上手い。

発問「仁和寺にある法師は、どこを詣でたのですか。古文から三文字で書き抜きなさい」

二秒ほどして、すぐに「できました」と反応する生徒。「書けたら周りと確認して」と長谷川氏が指示すると、「やったー当たったー！　いえーい！」との反応。こういったやりとりがあるから、空白にならないのだと感じた。

発問「交通手段は何ですか。古文から二文字で答えなさい」

悩んでいる生徒に「初めての古文の勉強だもんな」とフォローの声をかけていった。

一問一問、正解を告げる度に、男の子からも女の子からも「よっしゃー」「おー」と声が上がる。授業の中で、子どもが笑ったり喜んだりする場面が本当に多い。

発問「何人で旅をしたのですか」

この発問は、すぐに「できました」という声が次々と上がった。一斉に言わせて、答えを確認した。

「では、ウォーミングアップはここまで」と長谷川氏は告げた。

発問「石清水に行きましたね。そして、何を拝んだのですか」

解答を確認し、次のように説明した。

「そこをお参りして帰ってきたと言っています。帰ってきて、カギ括弧の中を言ったのですね。『ずーっと、思ってきたことをやっと果たしました』という報告をしたわけです」

その後、最後の一文「少しのことにも、先達はあらまほしき事なり」の現代語を読ませて、意味を確認させた。

発問「この『石清水』を絵に描きなさい」

「ヒントは、山があります。男山と言います。この山だけはみんなに書いてもらいます」と条件をつけていた。

できた生徒から、前に持ってこさせ、次々と絵を黒板に描かせていく。

その後は、絵を描いた生徒を黒板の前に出させて、説明をさせていた。

生徒の絵を見ると、「石清水八幡宮が山の上にあると法師は気づかなかった」ことを読み取れているかが一目瞭然になっている。絵の中に石清水八幡宮を描いていない生徒が何人もいた。

「今の絵を見て、質問や意見がある方」というと、石清水を書いていなかった絵に対して、反対意見が出てきた。その意見に、絵を描いた生徒が「参りました」といって、教室に笑いが起こる。

同じく、やんちゃ君の書いた絵に対して、反対意見が出る。やんちゃ君にそれについて反論があるかと聞くと「参りました」と、また教室に笑いが起きた。

紙幅の関係で、後は発問だけ載せる。

発問「極楽寺、高良寺を拝んで、その後どうしましたか。ノートに書きなさい」

発問「この人はどこをお参りに行ったのですか」

発問「神様へ参るという、本来の目的は、果たしたのですか、果たしていないのですか」

最後に、教科書の挿絵で答えを確認したところで、チャイムが鳴って終了。

時間配分、子どもへの対応、授業の組み立て、まさに高段の芸だった。

四　長谷川のコメント

授業の肝である発問・指示が事実と若干異なる。そこが惜しい。それでも、授業者としての腕を高めている兵藤氏の再現によって、おおよその流れはおわかりいただけるだろう。

発問・指示と同じくらい重要なのが「生徒への対応」である。ここに実力が表れる。発問・指示に対する生徒の反応をどれだけ予想できるか。その場で、瞬時に適切な対応ができるか。そこに教師の実力が表れる。

3 長谷川の道徳授業参観記（岡部仁氏）

TOSSのメンバーではないが、私が代表を務めるNPO法人の主催するセミナーに何回も参加してくださる長野県上田市立中学校の岡部先生が参観にいらした。

数日後、感想が届いた。発問指示の言葉など異なる部分もあるが、勤務校の様子が垣間見えると思うので紹介する。


学校の様子の感想を述べさせていただきます。

貴校に着いた瞬間、凛とした雰囲気を感じました。

また出迎えの看板の大きさにも驚きました。

長谷川先生とは（セミナーで）挨拶を交わした程度でしたが、私のような者を受け入れてくれる度量の大きさを感じました。

休み時間の元気な声が、チャイムと同時に挨拶の声に替わり、授業と休み時間のけじめが付いていることが窺われました。教室からはテンポ良く英単語がリピートされ、また美しい歌声も響き渡っておりました。廊下には「日本一きれいな学校にしよう」というスローガンや調理実習や運動会で活動する生徒の笑顔があふれている写真が掲示され、一人ひとりの生徒がのびやかに過ごせる環境にあると感じました。

また、生徒たちが会うたびに立ち止まってする挨拶がとても心地よく、自分を素直に表現できる生徒たちだと思いました。

長谷川先生がご提案された模擬授業研修などを通して「質の高い教育」を提供できる先生方となり、「毎日が研修」を合い言葉に、お一人おひとりの先生方の意識改革によって、今日の落ち着いた学校に至ったのだと実感しました。

たくさんの学びができました。

道徳の授業を通して感じたことを述べさせていただきます。

ワークシートなどのプリントではなく、道徳用のノート。記録が残しやすく、記入用紙を印刷しなくても済みますのでたいへん便利だと思いました。

「１９４５年８月９日と書きなさい」

授業の第一声。私の紹介から始めなかったのは、授業開始のリズムが崩れるからだと思いましたが、伏線であることを後から気付かされました。

授業の終盤、授業の流れや生徒の意識が途切れることなく、絶妙のタイミングで被災地を訪れたことを自己紹介を兼ねて話ができました。単なる来校者という扱いでなく授業の中に組み込む長谷川先生のお力に感服いたしました。

「書きなさい」という指示の後、一斉に書き始める切り替えの早さや「赤い字、黄色い字を読みます」では生徒のはっきりした声、長谷川先生は間を開けずに続けて読み、また生徒の声が続くリズムやテンポの良さは、セミナーと全く同じだと思いました。

「この列、起立」「自由におしゃべりしなさい」

「お隣どうしで話し合いなさい」

「みんな立ちます。自信のない人からどうぞ」

など話し合う機会や発表し合う機会を数多く設けてありました。

発言して座っている人にも「すごいと思ったら書いて」と空白の時間をつくりません。

発言が終わったと同時に次の人が発言したとき「良いスピード」と言って褒めます。発言中は、じっくり耳を傾け、「よし、よし、よし」と何度も頷き、発言しやすい雰囲気で安心感も生まれます。

原稿用紙何枚分を書いたのか予想させる場面では、「一枚書くだけでも大変だね」と自分自身だったらどうかと考えさせ、「100枚」と答えた生徒に「結構大変だよ。寝たきりだよ」、さらに1000枚との答えに「書いてみなさい」と自分たちの予想の信憑性を疑い、正解は何かを知りたくなるように持っていき、4197枚と答えを聞いた後のどよめきにつながりました。

「どう思う。自分と比べて」

永井医師の執念を生徒は改めて感じることができました。

永井医師の死後六十二年もの年月を経て今なお遺志を受け継ぐ人たちがいることを生徒たちは知ることができました。

感想を発表させた後、「柔らかい話をします」と言ってやさしい口調に変わりました。「エステー化学という会社を知っている人」と聞きました。歌い出す生徒も出てきました。

長谷川先生の話し方一つでクラスの伸びやかな雰囲気に一変したのを目の当たりにしました。体育祭で、大縄跳びの歴代記録を更新したと聞きましたが、その更新につながったのが「次は○○回跳べるよ」と暗示するような言葉を掛けたことだったとお聞きしました。実現できたのは、生徒が普段から長谷川先生を慕い、信じてきたからだと思いました。

「教師は太陽でありたい」そうおっしゃる長谷川先生がどの子にも光を照らされていることを生徒の姿を

参観して実感しました。その瞬間に立ち会えて本当に光栄でした。

道徳の授業も毎回好評で、「選択教科に入れてほしい」と言われたり、「最後の学活で道徳の授業を受けたい」と言われたりしてきた。毎時間の最後に道徳ノートに書かせる感想よりもさらに一段掘り下げた内容が、日々の日記に綴られるのも毎度のことだった。卒業期の、中学生活を振り返る文章にも、国語だけでなく、道徳の授業の感想がずらりと並んだ。

理念的な道徳も大事であろうが、私は「力のある資料」を大切にして授業してきた。「力」とは、「事実の力」である。作り事でないから、人の心を打つ。指導案が立派でも生徒がついてきていない道徳授業を複数回参観してきたが、私はそういう「うわべの授業」は嫌いである。子どもが熱中して思考する、思考内容を表現する、交流する。そういう授業をこれからも、さらに発展させていきたい。

❹ 長谷川学級、国語授業参観記（坂井ふき子氏）

一　学級の枠を超える実践

他校を参観すると、自分の実践の改善すべきことがはっきりする。

朝、校長室に通され、しばらく過ごす。

壁には、学校だよりが掲示されていた。六号から九号まで四号分。まとめてしまっていないのがいい。ついつい読みたくなる。

紙面を飾る言葉は、最新の教育情報ばかりだった。世界標準・学習歴・世界基準の学力・今学んだことが必ず社会で役立つ・SNSの使用で気をつけること・クールジャパン・おもてなしの心・社会への貢献など。

長谷川先生が朝会等で授業したこと（話したこと）を、校長先生はすぐ取り入れてくださっているそうだ。

（私は校長先生のお話を学級、学年で必ず取り上げる―長谷川）

校長先生からの信頼の厚さがわかる。学校だよりを読むだけで、学校として、育てたい生徒像がはっきりしている。中学校では学級だけでとどまる実践ではいけないと改めて感じた。

長谷川学級の参観から、中学で向山実践を愚直に実践するとこうなるのだという姿をイメージすることができた。

井上好文先生（兵庫県小学校教諭）の時も、谷和樹先生（元兵庫県小学校教諭。現在玉川大学教職大学院教授）の時も感じたことを、長谷川学級からも感じた。

生徒たちはとても可愛らしかった。

二　真剣な朝読書

長谷川先生の案内のもと、八時三十分ごろ教室に行く。

教室に入ったときはすでに生徒は読書の最中。誰一人おしゃべりとかいわゆる内職をしている子はいない。

長谷川先生の一声で、生徒たちは読書をやめ、一斉に顔を上げる。長谷川先生に紹介をいただき、私からも簡単に自己紹介をした。

その後、また読書を始める。

私は教室の後方に用意されていた椅子に案内された。特別支援学級の担任の先生だろうか。椅子を勧めてくださった。

長谷川先生はというと、教卓の脇に椅子を出し、そこで生徒の日記を読んでいた。

静かな静かな状態で時間が流れていく。その静寂に、時々、長谷川先生のつぶやきが聞こえる。二、三名の生徒はふと顔を上げるが、その後、何事もなかったかのように読書を続けていた。

八時四十分、チャイムが鳴るや否や、日直？当番？から「読書をやめてください」の声がかかり、生徒は読書をやめた。

ここまでが朝読書の様子。

あの忙しい長谷川先生が日記をいつ読み、生徒にどのように返していくか（コメントも含め）興味があった。音声ＣＤで何度か聞いているが、この目でその一部を見ることができ、なるほどと思ったことがある。

それは、日記を読んでいるときのつぶやきだ。

朝読書の時間に読めるからこそできることではあるが、あのつぶやきは生徒の心をくすぐるなあと思った。自分が生徒なら、読書をしていても、あの先生のつぶやきが気になる。

長谷川先生は、この日、三回つぶやいたり、笑ったりして反応している。

一回目「すごい。すごい」

二回目　笑いだす「ふ、ふ、ふ、ふ」

三回目「ふざけんな」

どれも本当に小さい声でつぶやいている。教室が静かだからこそ、後ろにいる私にもこのつぶやきが聞こえた。

三回目のつぶやきが一番気になった。「ふざけんな」というのは尋常でない。何が書かれてあったのだろうと気になってしようがなかった。

このことをあとから聞こうと思っていたが、朝の会でそれが解決した。

朝の会で一人の生徒の日記を紹介した。おとなしい男子生徒だそうだ。三ページ以上書いてきていた日記だ。

「長谷川から一本とったので、紹介した」とあとで教えていただいた。

朝の会で紹介をしたときは、教室が朝から楽しい空間になった。

書いた生徒も聞いていた生徒も笑顔笑顔である。内容については、また別のダイアリーで取り上げる。

三　衝撃的な朝の会

朝の会は、ぴったり五分で終わった。時間を計っていたかのように、五分きっかりだった。

1 日直が前に出る。窓際前方に立つ。
2 日直「これから朝の会を始めます」
3 全員が静かに起立。椅子も入れる。
4 日直「おはようございます」
　全員「おはようございます」
5 挨拶後、すぐに日直以外着席。
6 日直「健康観察です」　長谷川先生「具合が悪い人はいますか」
7 日直「係委員会からの連絡です」
8 手を挙げて男性生徒が発言
9 さらに手を挙げて女子生徒が発言
10 日直「先生のお話。先生お願いします」
11 長谷川先生の話二つ。
①生徒の日記の紹介
前半は「喧嘩」が話題の深刻な内容が展開される。後半は、一転して、教室中が爆笑の渦。

②収入証紙の購入について

「大事な話をします」というとすぐに静かに話を聞き始める生徒たち。

12　長谷川先生「以上です」と言って締める。

13　生徒は起立。（おそらく、「以上です」の言葉で立ったかもしれない）

最後の挨拶の時の指示があったかどうか、メモしなかったので曖昧。

生徒「今日も一日よろしくお願いします」礼　長谷川先生「お願いします」礼

半日の参観で一番の衝撃は、この五分間の「朝の会」だった。

1　無駄がない。

司会をする生徒の言葉にも無駄がない。少ない指示で生徒が機敏に動く。それに比べ、私の朝の会は言葉が多い。

初任の頃から、「朝の会は短い方がいい」と思い、連絡だけをして、早く終えることだけを考えていた。

長谷川先生と比べ、私は教師の話の「短さ」だけにこだわっていた。

教師だけでなく、司会の言葉も朝の会の流れそのものも、無駄な言葉を排除していく。それだけで、テンポよく会が進み、この日のように知的な笑いでスタートできる朝の会になるのだと教えていただいた。

2　生徒の切り替えの早さが見事。

話を聞くときは聞く。おしゃべりしない。笑うときは笑う。そして、長谷川先生が話し始めると静かになり、話に集中する。生徒の動きは見事でした。

3　発言をした生徒の言葉がわかりやすい。

男子と女子がそれぞれ話したが、何を伝えたいか、後ろで聞いていてもはっきりわかった。人前で物怖じせず、話ができるように鍛えてきたことがよくわかった。

その点、我が学級はまだまだだと反省。

4　生徒の姿勢がよい。

読書の姿。後ろから見ていて、気持ちがよかった。寝そべって読んでいる子はいない。両手で本を持って読んでいる。

挨拶をするときの立ち姿が凜としている。

朝から気持ちがシャキッとするようだった。

聞くときの姿もシャンとしている。長谷川先生のほうを見て、しっかり話を聞いている。

後ろ姿だけを見て、かっこいい中学生だと思った。同時に、この後ろ姿がかわいいなあと思った。後ろ姿に素直さが表れていると思った。

5　長谷川先生の話し方が早い。

これは自分と比べてという意味。

セミナーで話をする長谷川先生と全く変わらない姿があった。「え～」とか「あの～」とか言わないから、早くても、生徒も全く気にならないのだろう。

6 「一日のスタートが笑顔で始まる」

このことが一番の学びとなった。これについては、長くなるので別ダイアリーで日記の内容と合わせて紹介する。

四 生徒の笑顔を作る

半日の参観で一番の衝撃は、この五分間の「朝の会」だったと書いた。

私がこれまで行っていた朝の会にはない概念があった。

長谷川学級の朝の会は、生徒の笑顔を作る時間だった。そのことに衝撃を受けた。

長谷川先生が紹介した日記の文章表現は秀逸だった。喧嘩のことについて書かれていて、話はどんどん危ない状況に展開していった。

長谷川先生もただ読み進めていくわけではない。きりのいいところで、解説を加えていくのだ。

「まずいよなあ」というニュアンスのことを言うのだ。

それによって、聞いている生徒たちも心配そうに、次の展開を気にし始めている。

ただならない状況だと感じている生徒たち。

そんな生徒たちの気持ちが、教室の空気から伝わってくるようだった。

日記の前半は喧嘩の状況を描写していた。そして、後半は、この喧嘩の詳細について解明している。

前半の日記を聞いている限り、誰かと誰かが喧嘩をしたのだと私も受け取った。生徒たちもおそらくそうだろう。長谷川先生もそうだったに違いない。

後半の紹介が始まり、私はどんな「オチ」があるのかとあれこれ考えた。見た夢の中での話だったとするのかなあと思っていた。

ところが、オチは私の想像を超えていた。人同士の喧嘩ではなく、実は「犬」との喧嘩だった。聞いていた生徒全員、人ではなく、「犬」とわかり爆笑である。

そして、日記はさらに続く。自分（日記を書いた男子生徒）がある女の子のドリームに出演し、その女の子を追っかけて、屁をこいたという話を聞いたが、自分はそんなことはしない。という内容だった。

これまた、爆笑である。

それぞれが、実に楽しそうに笑っている。決して馬鹿にした笑いではない。品のいい笑いだ。笑顔になれる笑いだ。喧嘩のオチに、「ああ〜そうきたか〜一本やられた！」といった感じの笑いだった。

だから、紹介された生徒は誇らしかっただろう。

朝から、みんなをこんなに楽しませることができたのだから。

生徒たちの笑顔を見ていて、自分の実践に反省した。

自分はこんな笑顔を作る朝の会はしていない。しようと思ったこともない。

朝からけだるそうにしている生徒を見て、それを何とか変えようという思いをもつことがなかった。

朝の会は、とにかく短く終わらせよう。長いのはいけない。一時間目に余裕で間に合うようにしよう。

短く終わらせるという形だけにこだわっていたのだと、今回初めてふり返ることができた。

このことを長谷川先生に伝えたら、目から鱗のお話を聞くことができた。

以下の内容は、あとに書いたメモを元に話をまとめたものである。

長谷川先生の言葉そのものではない。

私の意訳が入っていると思ってください。

1　日記は毎日読み上げるわけではない。
今日は、いつも静かな男の子が書いてきた日記で、長谷川から一本とったから取り上げようと思った。
2　いつもは二分三十秒ぐらいで終わっている。
3　朝の会を楽しくすることで、生徒たちは「朝から安定」した状態で生活を送ることができる。
4　今の子どもたちとであったから、今のような朝の会になっている。
前任校ではそうではなかった。

3の考えは、目から鱗だった。安定した授業をするという意識はいつも持っている。しかし、朝の会で安定させるという視点はもっていなかった。

学校生活という大きな枠組みを授業の組み立てと同じように考えると、長谷川先生の考え方は納得がいく。

朝読書は、授業で言えば、導入にあたる。学校生活の導入だ。

長谷川学級の朝読書は、全員静かに本を読んでいる。授業にスッと入るように、学校生活にもスッと入っている。そして、学級全員が静かに読書をして過ごすことができている。

これは学級にとっての成功体験だ。全員で静かに読書するという成功体験で学校生活最初のパーツを終えている。

私の学級でも朝読書までは長谷川学級と同様にできている。

問題は、次のパーツである朝の会だ。ここも成功体験で終えることが、学校生活の安定につながっていく。

朝の会は、挨拶、話を聞く（する）という活動が入ってくる。この活動で成功体験を築くにはどうしたらよいか。

挨拶は毎日行うもの。しかも、もうすでに礼儀正しく挨拶ができる子たちである。

それに対して、一回一回評価というのもわざとらしい。わざとらしい褒め方は、嬉しくない。

残るは、話を聞いている場面だ。話の聞き方を評価し、褒めるのもおかしい。

個人的に聞き方が変容しているなら別だが、全員に対してとなるとしっくりこない。

そこで、脳科学の知見から考えてみて、わかった。

「できた」という成功体験ではなく、「笑顔になる」ということ自体が成功体験になるのだ。

笑顔はセロトニンを脳に出す。セロトニンは癒しを作り出すタンパク質であり、セロトニンが満たされれば、表情が優しくなり、心のバランスが保てる。安心感を作り出せるのだ。

知的な笑いが笑顔を生み、癒しや安心感が生まれる。この状態を朝の会で作り出せれば、朝読書から安定した状態で授業を受けることができる。

私は個に対応する場面でのセロトニン5（平山諭氏提案。「みつめる・ほほえむ・はなしかける・さわる・褒める」の5つの基本的対応）ばかりに目がいっていた。

個に対する対応ではなく、様々な家庭環境から集まってくる一人ひとりの生徒をどうするか。

そういう大きな枠組みで長谷川先生は朝の会の時間の組み立てを考えたのかもしれない。

だから、「今の子どもたちと出会って、今の朝の会がある」のだと考えた。

朝の会を参観し、「笑顔」という視点から分析して出した結論です。ご意見があればぜひお願いします。

五　生徒は同志

朝の会で発言した男子生徒がいる。

その生徒の発言内容に驚いてしまった。聞き進めるにつれ、「えっ⁉」となった。

みんなに対する呼びかけを最後にしたのだが、その内容に驚く。

「（終わりの）チャイムがなっても、先生の話を最後まで聞こう」というものだった。話の展開も見事だった。

1　学級のできている状態を認める。

2　改善すべきところを指摘する。

3　改善されるとこんなよい状態になるよといい、呼びかける。

メモしていなかったのではっきりしないところもあるが、上記のような流れだった。聞いていて、納得した。

私はてっきり、学級会長だと思った。一日の目標を話しているのだととらえた。目標設定の仕方にも驚いたが、めざしているゴールが高いことにも驚いた。

長谷川先生にこの生徒について聞いてみた。聞いてさらに驚いた。この生徒は、学級委員ではなかった。係活動として、毎日、朝の会でみんなに何かを話しているそうだ。

一年の時はリーダーをやることはなく、二年になって部活動のリーダーになる。長谷川先生は、学年のリーダーをやったらと声をかけたそうだ。

そして、生徒会長になる。

この生徒の変容に、周りの生徒も驚き、「変わった」と認めているそうだ。一年生の時の様子を見て、生徒会長をやるような人ではなかったと日記に書いてきた女子生徒がいたらしい。

この生徒の係活動は朝の会の発言だけではなかった。活動は「3Aのきまり」として壁に掲示されていた。掲示物を見ていたとき、なぜわざわざ、「3Aのきまり」というのがあるのだろうと不思議に思った。「学年や学校のきまり」ならわかる。

「3A」となっているのが、この生徒が作ったものだとわかり、またまた驚いた。

作った目的にこう書いてあった。

クラスを更によくするため。
移動等の時間を明確にし、声を掛けられる前に自分たちで時間を意識して動いてもらうため。
意識してほしいことを目に見える形にするため。

決まりは色わけをされていた。

「無色」のところに、「できればできるようになってほしいもの。小さなきまり。守れば、個人の人間性が上がるもの」とあった。

「個人の人間性が上がるもの」

意識の高さが伝わってくる。生活の質を高めようと努力しているのがわかる。

生徒も長谷川先生と同じ方向を見ていた。まさに、同志である。

六　自由で伸びやかな学級

長谷川学級の生徒たちの印象を一言で表現すると、「自由で伸びやかな学級」だということだ。

向山先生は向山学級の特徴を、次のように表現している。

「静かではないが、騒がしくしない。きちんとしてはいないが、乱れてはいない。いきいきとした、自由にあふれるクラス」

中学校で向山実践を真摯に追い求めていくと、きっと長谷川学級のようになるのだろうなあと思った。

二〇〇八年、長谷川先生と二人で井上好文先生の授業を参観したことがある。参観日前日に姫路で三人で飲んだ際、長谷川先生が言われた言葉をを今でも覚えている。

当時、長谷川先生は井上先生の弟子だった。

「私は、井上先生の弟子だが、井上先生の実践を間近で学ぶことができなかったし、先生方（私を含めた井上追っかけ軍団）のように中学校での井上先生の実践を見ていない。だから、向山先生の本を読んで、向山先生なら中学でどういう実践をするだろうか、考えて、実践をしてきた」

今回見た学級の様子は、長谷川先生が向山先生を追い求め、中学校で作り出した実践なのだと確認できた。

「自由で伸びやかな学級」を作り出している土壌はもちろん「授業」にある。

その日は国語の授業で「古語」を扱った。

一つ間違えば荒れてしまうと長谷川先生が教えてくれた女の子がいた。その子は、一時間の授業の間、夢中になって取り組んでいた。四つの古語が今の言葉で言うとすべて一語の動詞になるという問題に取り組んだあとに、つぶやいた一言が今でも頭を離れない。

「楽しいこれ。簡単だったよね」

決して簡単な問題ではなかった。正解が出なくても、途中で諦めたり、投げ出したりする雰囲気は全くなかった。ずっと考えているのである。

授業を見ていて、自分が生徒でも、夢中になったと思った。

ノートチェックで発する長谷川先生の言葉がいい。

どんな考えでも認めてくれる、受け止めてくれる安心感が生まれる言葉だった。

だからこそ、生徒たちは何度も何度も挑戦し、ノートを見せに行っていた。

正解した生徒は本当に嬉しそうだった。

この女の子も何度も挑戦をして、正解を出した。

そういう雰囲気の中で発した言葉が、「楽しいこれ」である。

生徒たちは実に楽しそうに授業を受けていた。長谷川先生も笑顔で、生徒も笑顔で。知的な楽しい授業であった。

そして、「自由で伸びやかな学級」を作り出しているもう一つの土壌は「係活動」だった。

私はこれまで係活動を実践したことはこれまで一回しかない。

日常の係活動というよりは、何かのイベントの実行委員会の活動だった。一年から三年まで持ち上がりをした学年で、学期末にはお楽しみ会もした。今と比べれば、自由度の高い活動を行っていた。

そのときと今を比べると、今の実践に足りないものが見える。

長谷川学級を参観して、自分の学級に足りないものが何かはっきりした。

なぜ足りないのか、その原因もはっきりした。

足りないものは「知性的なもの」。原因は、「裏文化がない」こと。

長谷川学級には「知性」も「裏文化」もあった。「係活動」の中でそれらが生まれていた。

音声ＣＤで係活動について聞き、活動の様子を知ってはいた。しかし、実際に生徒を見て、「係活動」がもたらす、その教育的効果の大きさに愕然とした。

四月からは、絶対「係活動」を実践したいと思った。

長谷川学級の係活動（これ以外にも複数ある。体力向上委員会や「ありが隊」等―長谷川）

●新聞二社
一つは、都市伝説の紹介をしていた。
●ポケモン四字熟語係
●英語のことわざ係
●生活のきまり係
●学級メンバーの写真掲示係

係活動は、みんなに企画書を提案し、承認された上で行われている。詳しいことは、音声ＣＤ（研究用に長谷川のＮＰＯ法人が出している―長谷川）も出ているの、ぜひＣＤを聞いてほしい。

当日、長谷川先生から係活動について話を聞いた。話を聞いて、係活動が裏文化を生むポイントは二つだと思った。

1　自由にさせる。
2　とにかく褒める。

ポケモンの四字熟語は教室のみならず、廊下にも掲示してあった。廊下への掲示も自由にしているそうだ。

廊下に貼ることで、一年生も廊下を通るときに見る。

みんなの学力向上につながるので、「みんなの役に立ってるね」と言って、ほめているそうだ。

「自分たちの考えを工夫して」「みんなに働きかけ」「みんなに喜ばれる」活動をするものが「係」となる。

（『学級を組織する法則』）

係活動をとおして、学級のみんなに働きかける。その活動がみんなに喜ばれる。

係活動を行うと、自己肯定感を高めていくことができるのだ。

「授業」と「係活動」によって、生徒たちは教室に自分の居場所を見いだしている。

だからこそ、自由で伸びやかにふるまえる学級になっているのだと思った。

七　やんちゃ女子への対応

国語の授業中のある女子生徒が発した言葉。

> 「何これ……。何コレ珍百景」（答えが考えつかなくなってきて）
> 「わからん。わからん。散る。……ベルばらじゃん」（さらにわからなくなってきて、近くの男子と話題が「ベルばら」にいきかける）
> 「おいっ、おい、おい、おい……」（正解者が初めて出たとき、結構、大きめの声）
> 「調子っ、ノッテンナヨウ」（「素敵。君みたいだね」と長谷川先生がノートを見せに来た男の子に言ったとき、その男子に対して）

話の流れがわからないから、これらを読んだだけでは、正確に伝わりにくいだろう。

その場で、これらの言葉を聞いた私は、若い先生なら、この言葉に反応してしまうだろうなあと思った。自分自身も反応してしまうなあと思った言葉もある。

サークル例会で紹介したら、ほとんどの人が「反応してしまいます」と話していた。

長谷川先生はどうしたか。

一切、取り合わなかった。

もしかしたら、非言語で対応したかもしれない。ちらっと見るとか。

その子の言葉を取り合うことなく、授業を続けていた。楽しい授業が途切れることなく続いていた。

その子自身もそれぞれの言葉に悪気があるわけではないのだろう。とっさに口から出たという感じだった。言葉を発したあとは、違う話題に脱線することもなく、授業に集中して取り組んでいた。

その子のジャージ姿を給食時間に見た。

私自身久しぶりに見た、腰パンだった（笑）。（あれでも彼女なりにあげているのです―長谷川）

授業中の取り組みの様子からは、全く想像できなかった。授業中は指名なし発言に、何度も挑戦するほど意欲的だったからだ。

授業中、作業をするとき以外は、ずっと話していた（もちろん、授業に関係のあることが中心だ）。物怖じせず、どんどん発言する子だった。

授業中の姿とジャージ姿にギャップを感じてしまった。詰めすぎていないからこそ、その子の今の姿があるんだなあと思った。

詰めすぎていないなあと感じたことは他にもあった。

それは、ロッカーに置いてあった教科書類。通称、「置き勉」。ロッカーにある置き勉の状態を見て、「長谷川先生もそうかあ」と妙に安心した。

（学校の決まりとして、置いてよい教材教具を統一しているのです─長谷川）

八　パーツで組み立てられた授業の威力

そろそろ授業編の報告に。

参観当日の授業は、古語を扱った授業だった。
二十五、二十六日には東北で井上先生を招いての冬合宿を行った。
そこで、井上先生が何度も話していたのが「パーツで授業を作ると安定する」ということだった。

長谷川先生の一時間の授業を見て、「パーツで授業を作る」とどれだけ授業に安定感が生まれるか、はっきりした。

この日の流れは次である。

①漢字スキル（約五分）
②辞書引き（約二分）
③古語の確認（約十七分）
④読解スキル（約二十五分）
※時間については、大まかなもの

①漢字スキルのパーツ

年間を通じて行っているからだろう。最初の指示だけで、生徒は取り組んでいた。チャイムが鳴る前に、生徒は漢字スキルを出して待っていた。
筆記用具は鉛筆。国語の時間だけは鉛筆を使わせているそうだ。みんな使っていた。
鉛筆を使う趣意説明がしっかりなされている証拠。

②辞書引きのパーツ

調べた言葉は三つ。
1　要領
2　復旧
3　勤勉
短い時間だったが、実にテンポよく流れた。何をすればよいか、生徒全員がわかっているので、授業の流れが途切れない。指示は必要最小限。それでも生徒は動く。

三学期だから一学期に比べ指示は短くなっているのだと思う。

③古語の確認

このパーツの前半は、四つの古語の意味を今の動詞で一字で表すという学習だった。
ノートに写させ、答えを書けた人から持ってこさせていた。
後半は、三つの古語の意味を考えるというパーツだった。
こちらも、ノートに写させ、答えを書けた人から持ってこさせていた。
どちらも授業の組み立ては同じ。
1　古語をノートに写させる

2　共通する動詞（後半の場合は、意味）をノートに書かせる。
3　書いた人からノートを持ってこさせ、個別評定をする。
すべきことが明確なので、どの子も取り組んでいる。

個別評定の部分で、長谷川先生が考える手がかりになることばを発するときがある。考えつかない生徒は長谷川先生の話に注目していた。

今までの授業でも個別評定の場面では、同じようにされているから、あえて言わずとも、教師の言葉に注目するようになるのだろう。体力勝負で何度も何度も書いて持って行く生徒もいれば、先生の言葉をヒントにじっくり考えて持っていく生徒もいた。

④読解スキルのパーツ

このパーツは、大変学びの多い部分だった。教科を問わず、応用できる原理・原則がたくさんあった。

このことについては別ダイアリーで触れる。


長谷川先生の授業の流れがインプットされてから、自分の授業でも今まで以上にパーツを意識するようになった。パーツの最後には、必ず「確認・評価」を入れ、全員ができている、わかっていることをより意識するようになった。

長谷川先生の授業は、「全員がわかる、できる。次も全員がわかる、できる。次も生徒がわかる、できる」のスパイラルで授業が進められていた。

全員がわかる、できるようにするためには、当然教師の工夫が必要になる。どの子も動く発問・指示を出さなければならない。わからない子がいたら、その子に対する手立てもとらなければならない。

授業内容を細分化しても、逐一指導にはならない組み立てを考える。

そういったことを考え尽くして、行われている授業だった。

長谷川先生の授業のイメージが未だに鮮明なので、自分の授業もいいと言えるわけではないが、TT（ティーム・ティーチング）で入る数学の授業は私自身が一時間耐えられない。

見通しが持てないし、考えようとしてもただ放り投げているだけなので、見当がつけられない。

できる生徒だけで授業が進んでいく。

昨日もそうだった。

生徒の様子をみて、あまりわかってないなあと感じるだけに、何とかしたいと思った。だから、ついつい、授業中に代案を考えてしまう。

数学教師に言うのはやめようと思っていたが、ついつい職員室で感想のような意見を言ってしまった。

やはり伝わらなかった。自分の授業で提案して、理解してもらうしかないなあと思った。

九　できる子もできない子も満足させるこの工夫

読解スキルを授業でどのように扱うのか、いつか生で見たいと思っていた。その思いが叶った。

スキルの授業も向山型の授業だった。


できる子もできない子も満足する。

授業の組み立ては、授業の原則十カ条を使いこなしているので、よどみなく流れていた。

1　各自問題を解く。（五分）
2　早くできた生徒には指名して音読をさせる。
3　登場人物、時代設定の確認
4　難しかった問題について
どのように考えて書けたか、書けなかったかを情報交換する。書けていない人たちへのヒントを説明する。
5　答え合わせ

4のパーツは、「わからない子をそのままにしない」という思想に支えられて構成されていた。書けていない人たちへのヒントを説明する部分は他教科にも生かせる原理原則があった。

長谷川先生は、「二十七名のうち、現在五名が書けていない、書き終わってないという状態です。その子たちが書けるようなヒントを出してください。書けた人たち、どんなヒントでも結構ですから、自分はこう考えた。答えは言わず、こう考えてこう考えたというプロセスを示す」と指示を出した。

一人の生徒が説明すると、長谷川先生は次のように言われた。

「それはきわめて重要なヒントです。今の、○○くんが言ったのはね、答えの解き方を教えてくれてます。そのことによって、今、書けてなかった五人の人たちの鉛筆が動き始めているんですよ」

よくある授業は、書けた生徒たちに発表させ、書けなかった生徒は答えを写して終わるというパターンだ。

しかし、長谷川先生は、書けなかった生徒たちを授業の主役にした。

書けた生徒は、ヒントを説明することで知的な満足を得ただろう。

特に最初に発表した生徒への長谷川先生の評価がすごい。

どれだけ重要なヒントなのか、最後の言葉で伝わってくる。

「今、書けてなかった五人の人たちの鉛筆が動き始めているんですよ」と描写して話しているからだ。

三名の生徒がヒントを発表した。そのことにより、書けなかった生徒たちはすべて自分の考えを書くことができた。そして、他の生徒たちも発表を聞いて、見直すことができた。書けなかった五人のおかげで、学級全員が問題の解き方を理解することができた。

最後に答え合わせをしたが、発表した子のほとんどが「丸」をもらっていた。

あとからの話で、長谷川先生はこう言われた。


過去問だけを解かせると、できない子はそのまま。だから、（過去問も）授業をする。できずに終わると、自尊感情を下げてしまう。


わからない子、できない子をそのままにしておかず、わかった子、できた子に「答え」ではなく「自分の考え方」を説明させる。

ぜひ、三年生の二月の授業でこの組み立てを取り入れて授業をしたいと思った。

十　駆け足でノートを見せにいく生徒たち

もう少し続きます。

長谷川先生の授業を見ていて、いっぱい驚くところがあった。その中の一つが、

生徒が駆け足でノートを見せに行くことである。

私も授業でノートチェックをしている。生徒は普通に歩いてノートを見せに来る。駆け足で急いで並ぼうとしている生徒はほとんどいない。

しかし、長谷川学級にはいた。早く並びたい、ノートを見せたいと思わせる授業をしているからだ。ノートを見て評定をしていく長谷川先生の言葉にも刺激を受ける。生徒たちの姿から、早く正解を出したいという意欲が頭をフル回転させているように見えた。

二十七人全員が頑張っていた。

長谷川先生の「これは難問ですよ」という言葉で、考えるのを諦めるような雰囲気はなかった。むしろ難問と言われて、さらに楽しく取り組んでいたように見えた。

参観している私も、頭をフル回転させて、答えを考えていた。

井上先生の授業の参観をしていたときは、油断していると当てられた。だから、長谷川先生からいつ発言を求められてもいいように、準備はしていた。嬉しいことに、心配は杞憂に終わったが……。

生徒は楽しく授業を受け、長谷川先生も楽しく授業をする。

楽しくて、知的で、力がつく。

そういう授業の上がりイメージを持つことができた。

第5章

保護者との付き合い方を伝授する

❶ 保護者が求めているのは「熱」である！

一　応援団に支えられて働く

保護者を味方にしようと意図して仕事をしたことはない。

だが、自らの学年を中心としてたくさんの方が応援団となってくれた。彼らの応援を受け、協力を得ることで為し遂げられたことも少なくない。

確かに、学校には様々な保護者がいる。特に生徒指導主任を命じられ、生徒全体の指導の責任者として働くようになってからは、我が子（我が子が所属する集団）の課題を鋭く指摘されたことで私に敵意を抱き、以後、足を引っ張ろうとする人もいた。嫌な思いもした。

それでも、そういうケースはほんの少数であった。

なぜ多くの人が応援団となり、陰に陽に支えてくれるのか。

これから六回にわたり、その理由を「仕事術」の側面から分析して書いてみる。

二　術の前に、熱である

昨日が誕生日であった。毎年、教え子や保護者から多数の手紙やメールが届く。出勤すると、学級の生徒が職員玄関で待っていて、色紙をくれたこともある。独身時代には下宿先にケーキやお鍋、おでん等を作って持ってきてくださる方もいた。冬場、見るに見かねてファンヒーターをプレゼントしてくださった方もいた。

その中に、八年連続で零時ちょうどにメールをくださる方がいる。同志として学校改革に邁進した、今年二十歳になる男子生徒の父親である。

長谷川先生にお会いできてから、もう九年の月日が流れようとしています。

息子も、そして私も大きな影響を受けさせて頂きました。

愚直な位、真面目な先生を見習って、私も精進したく思っています。

帰省すると、必ず中学時代の話になります。息子の人生の中でも大変充実した三年間だったからだと思います。

長谷川先生との出会いで、生き方、考え方の道しるべが発見できたから、心地よい思い出として口に出しているのだと思います。

自民党政権に戻り、教育について、更に注目を集めている昨今、お体を十分ご自愛下さり、長谷川先生らしく、走り続けて下さい。追いかけて行く同志の為にも……。


このような中身である。

異動して即、学校改革の狼煙をあげて実践を展開した。この方はその時からの、強力な支援者である。ふたりで「父親の会」を立ち上げ、ＰＴＡ会長も巻き込んで、毎月一度、一献傾けながら学校の教育を語ることも続けた。後に学校評議員になられた際も職員模擬授業研修や保護者との夜間学習会に出席し、応援してくれた。

なぜ親身に協力してくれるのかと訊いてみたことがある。

返答はこうだった。


先生が、この学校のために、生徒のために、本気で、身を削って動いてくれているから。


これは、ここ八、九年、別の方々からも何十回何百回と言われている言葉でもある。

面映ゆいが、確かに損得勘定抜き、打算抜きで心血を注いできた。授業を、行事を、生徒指導を。学校の体制を変えようとしてきた。

その過程で倒れ、救急車で運ばれたこともあった。

それでも翌日は普通に働いた。

仕事には呼ばれる。

「この学校に来た意味は、立て直しの最前線に立ち結果を出すことである」と自己規定して働いた。

結果として、学級通信（現在は学級を持たないので、学年通信）や学校行事の感想も合わせると、毎年ファイル二冊を超える手紙や色紙をもらう。先日書斎の片付けを手伝ってくれた仲間たちが、その分厚さに驚いていた。

目の前の生徒だけでなく、卒業生や保護者とも上記のようにつながっている。彼らはまさに私の実践の応援団である。

なぜ様々な方々が、異動後にもかかわらず、また卒業後数年が経過しているにもかかわらず、応援してくれるのか。

彼らの言葉を借りれば、それは、私の熱ゆえのことなのである。熱が、周囲の人を動かすのであろう。

❷ 保護者会の組み立て方の工夫

一　自らの言葉で所信表明をする

保護者会（学級懇談会を含む）は保護者との関係づくりの上できわめて重要な場である。

教師の思想と教育方針を、面と向かって自らの言葉で伝えられるからである。

顔を合わせて話す場としては家庭訪問や三者面談等もある。しかし、それぞれに目的が異なる。どれも教師が所信表明をする場ではない。

所信表明をする場は、やはり保護者会である。それをしなければ、保護者の「担任像」は我が子や別の保護者の内輪話によってのみ規定されることになる。これは恐ろしいことである。誤解や曲解で印象が作られたら、それを修正するのは困難だからである。

二　参加率を上げる

所属学年の保護者会は毎回参加率九割を超える。夜間に三回にわたって開催した「親と教師の学習会」にも、保護者の九割が参加した。人を集める工夫を述べる。

1　避けるべきポイント

1　コスト意識の欠如した企画運営
2　保護者会単独の実施
3　問題の責任を保護者に転嫁する話
4　一方通行で変化のない退屈な話
5　学校とＰＴＡ役員との内輪談義

保護者会の参加率をあげるのは難しいことではない。

聴く価値のある話をすれば、保護者は来る。

このご時世、保護者の多くが共働きである。彼らはわざわざ仕事を休んで来るのである。パートであっても、半日休めば数千円のマイナスである。家計への影響は大きい。

保護者はそこまでして参加するのだ。その意識が教師側にあれば、してもしなくても変わらないような無内容な話はするまい。人は、価値ある所には出向くものである。参加率が低いということは、やっていることに価値がない、あるいは価値が低いことの証左である。

また、保護者会単独開催も厳しいだろう。授業参観と合わせるのが良い。我が子の活躍を見るためならば、多くの保護者が集う。生徒の活動を組み込むことだ。保護者会でも、生徒の活躍を描写して話すことだ。それなら保護者は耳を傾ける。

加えて、会の前後に教員とＰＴＡ役員の「内輪話」を目にすることがあるが、あれは駄目だ。見た人が良い気持ちのするものではない。そういうことは公衆の面前でなく、人のいない所でするものである。保護者対応は公平に。この意識とおもてなしの心で迎えることが必要だ。

2　また行こうと思わせる工夫や企画

(1) 事前

①三カ月以上前の日程告知
②学校便り・学年通信・学級通信を用いた、興味を引く内容の予告
③参観授業の内容の告知
④事前に提出可の質問用紙の準備
⑤要望や感想を書くアンケートの準備
⑥配付資料を充実「させない」こと

⑥の意味はお分かりだろうか。資料を充実させることが良いことだという思い込みを一度外してみることが大事だ。資料が充実すればするほど、参加しなくともそれを見ればよいと考える人が増える。資料はあくまでレジュメ程度にし、聴きたいと思わせる話をするのが良い。

（2）実施中
①模擬授業形式で全員を巻き込むこと
②一方的講演でなくツーウェイのやりとりをすること
③日常生活や行事等での生徒の活躍をまとめたスライドショーや授業で作成した作品の展示
④アンケートを記入する時間の確保
（3）実施後
①参加率の公表
②通信等を活用しての、行きたくなるような報告（ダイジェスト版）の発表
③同様の媒体での、参加者の感想の紹介
④学年職員によるアンケート分析と反省、情報共有、次回テーマの設定

特に重要なのが、見る価値のある授業を公開することである。

参観授業では、生徒一人ひとりが活躍する場を創出するのが原則である。親は我が子の活躍を見るために仕事を休み、家事の都合をつけて参加するのだ。「授業参観は何も特別なことをする必要はない。いつもどおりに授業すればいいんだ」と言う教員は多い。だが、やはり「特別」な一日なのである。

常日頃から「生徒全員」を活躍させる授業をしている教員ならば、「いつもどおり」でよいだろう。だが、中学現場では、そのような光景を目にすることは、きわめて少ない。一、二割の生徒だけが挙手・発言する。六割は黙って板書をノートに写す。あとの二割は突っ伏したり、おしゃべりをしたり、あるいは静かであっても「受けている振り」であったり、という具合である。

そういう授業をしている教員は、授業参観を「いつもどおり」にやってはいけない。授業参観だけ念入りに

準備せよ、と言うつもりはない。特別なことをすれば却って生徒から不信を買う。それでもやはり、参観日には「一人ひとりが活躍する場」を創り出すべきである。

あっと驚くようなことをやって気を引け、というのではない。様々な活動を用意すればよい。授業をパーツで構成しテンポよく変化させればよいのだ。

たとえば直近の参観で、私は以下の四つのパーツで授業を組み立てた。「あかねこ漢字スキル」・「暗唱詩文集」・「あかねこ読解スキル」・「五色百人一首」。毎回のことだが、参観した保護者は授業のテンポの速さと、それに生徒全員がついていき、活躍している姿に驚く。「子どもだけでなく、私たちも楽しんだ」「自分が受けてきた授業とは全く違う。子どもがうらやましい」「このような授業をしてくださっているなら、安心して子どもをお任せすることができる」このような言葉をたくさんもらう。どうせ授業をするならば、こういう声を聞きたい。

見る価値のある授業と聴く価値のある話。これで、保護者の参加は必ず増える。

三　個人面談・三者面談の価値を高める

特に中学校では、個人面談や三者面談が「進路（ほとんどの場合高校進学）相談」の場としてのみ機能しているのが現状である。

進路選択が関われば当然、保護者の必要感は高まる。情報が欲しくて積極的に参加する方もいよう。

だが、である。高校の情報はネットで県教委のサイトを開けばわかる。

保護者の多くは、「その中学校でしかできない話」「その担任でしかできない話」を求めているのである。

一般的な話題ではない。

我が子の成長ぶりが感じられる話題を聞きたいのだ。

あるいは、

我が子や保護者自身が困っていることを解消するヒントや、それらの困り感に正対して教師が行っている指導・支援の実際が知りたいのだ。

そのニーズに即応するためには、出会いの初日からのアセスメント（見立て）の蓄積が不可欠である。適切なアセスメントができて初めて、打つ手が明確になる。そして、効果のある指導、支援を重ねるから生徒が向上的に変容するのである。

指導のプロセスで生まれた生徒の向上的変容の事実を、具体的に、描写的に、保護者や生徒に伝えてほしい。面談の価値が数倍に跳ね上がるに違いない。「また来よう」と思ってもらえることだろう。

❸ その場限りのリップサービスはご法度である

一　親子に同じことを語る

学校再建、部活動再建に奔走していた頃の話である。

練習試合に出て、二試合をこなした。荷物を片付け、相手校とグラウンドに礼。B中学校区のスポーツ少年団とB中学校の外部コーチを務める方（サッカー名門高校のコーチ）が私に、「いいチームに育ってきていますね。今日は偶然うちが勝ちましたが、いずれやられるかもしれません。がんばってくださいさった。」と言ってくださった。

第三者からチームを評価される。これはとても嬉しい。

子どもを集合させ、最後のミーティング。保護者も私の背後に集まってくれた。練習態度が悪かったことを理由に前日の試合に出さなかった六名の保護者も、中にはいる。

勝負の場である。その場を借りて、語った。子どもにも親にも、私は同じことを同じ言葉で語る。

1 先週、全員に対し、練習態度のだらしなさを叱ったこと。
2 「手を抜いて士気を下げるならば帰れ」と叱った後帰った六名の処置。
3 欠席、早退、遅刻、そしてだらけた態度。それらを引き続き徹底して指導していく決意。
4 そういった戦いの努力の上に、勝利があるということ。
5 二敗したが、各々が確実に上手くなっていること。
6 子どもたちは出会って二カ月後の学総体地区予選一回戦で0対19という地獄を見ている。部活動が崩壊していた結果がこれだ。どん底だ。だからこそ、これから上昇していく以外にない。必ず強くなるということ。

最後に保護者面々と視線を合わせ、「お休みの日にお車を出し、応援してくださりありがとうございました。これからもよろしくお願いいたします」と締めた。

真剣に私を見てくださっている方が多く、心強く思った。

二 間違った「熱心さ」とは戦う

部活動崩壊からの生還は、並大抵の道のりではなかった。練習試合でたった一回勝利するまで、一年半という時間がかかった。その間、心ない保護者や地域の人間から陰口を叩かれることもあった。

文句を言う人も、熱心なのだろう。だが、その熱心さは容易に、勝利への執着に取って代わられる。特に、サッカー経験者、昔かじった程度という類の人に多い。

勝利しか見ない保護者は、顧問の非難を始める。子どもたちを責める。たとえば、このチームが初心者の集まりであることを忘れ、小学一年から意図的計画的継続的に鍛えられてきた相手校と比較し、子どもを責める。ミスに「あーあ」「もう!」などとくだらない声をあげる。自信をなくさせる態度を取る。自身のセルフコントロールの欠如を子どもに暴露していることに気づかない。

私はそういうのが大嫌いだ。

子どもたちの「日常」を知らずして非難してくる親とは、戦う。

「挨拶・返事・後始末は本来、家庭ですべき教育のはずです。このチームはサッカー以前から出発しているのです」事実に正対させる。

「あなたが馬鹿にするプレーを、あなたはできるのですか」と問う。

「子どもたちがいつもどんな練習をしているか。どんなことをがんばっているか。何を背負ってサッカーに励んでいるか。そういうのを見ずして、試合だけを見て物を言うのは止めましょう。言うなら普段の練習から顔を出して教えるべきでしょう。でなければ、非難する資格などない」と迫る。

その日、目立った言動はなかった。だが、私の考えを示す意味で、上記六項目を語ったのだった。

三　媚びず、ぶれず、動じず

ある年は、部の主顧問をしつつ、別の部の副顧問を務めた。生徒指導対応、保護者対応を目的として、である。主顧問の若手を守るため、生徒を真っ当に伸ばすため。そのために陰で動いた。

たとえば、試合の日だけ顔を出し、顧問の方針に文句をつけたり、試合中の指示に対して馬鹿にした態度を取る保護者に直談判した。「保護者が子どもの面前で教師の悪口を言って、良いことは一つもない。大事なお子さんも不幸だし、教師もやる気をなくす。関係が悪循環に陥り、ますます勝てなくなるから止めなさい」と。保護者対応で強く出られないという質問を受ける。強く出る必要はないが、弱気は駄目だ。自ら省みて正しいならば、言うべきをスマートに言うこと。それがよい。

❹ 保護者の信頼を勝ち得るための三カ条

その1　信念に貫かれた行動なら、伝わる

ある年の学級通信を紹介する。臨時の全校集会を開いた日に書いたものである。

サイバーパトロールから、本校の生徒がネット上で問題行動を行っている旨連絡があった。

ひとつは、学校で生活している時間帯に発信があることである。すなわち、何者かが校内に持ち込んでいるということである。

もうひとつは、学校のＨＰから画像をコピペして流していることである。

発信の文にも不適切なものがあるという。早朝から、職員で対応を協議した。

そのようなことを、保護者が知っているか。これが生徒指導主任、学年主任、担任としての私の問題意識の第一である。

みずから責任を取れぬ身分の、しかも善悪の判断力の劣る子どもに、自由自在に情報の受信発信ができ

るツールを与えること自体が、私からすればきわめて異常な行為である。

そのことによって生じた問題の責任は誰にあるのか。

無論、持たせた者にある。

責任には三つある。たとえば被害者への謝罪と賠償、加害者への指導と再発防止といった「行為責任」であり、関係者への「説明責任」であり、その後に起きる関連の出来事への「結果責任」である。

これらをわかった上で、すべて自分自身で引き受ける覚悟をもって、子どもにツールを使わせている大人がどれだけいるか。

今回もまた、大いに考えさせられることとなった。


もう一点、大事なことを指摘しておこう。

上記の「発信」を行った者について指導するのは当然のことである。だが、指導されるべきは他にもいる。誰か。


そのような情報を「受信」しているにもかかわらず、見て見ぬふりをしたり、煽ったりしている者たちである。


本校の生徒が関係するネットグループは数件あるが、大きいもので一年から三年まで四十名超が所属するグループもある。

その約四十名のほぼ全員は、今回の件を知っているわけである。

知っていて、アクションを起こさないわけである（このままではいけない、何かしなければと考えている人がいることはわかっているし、信じている）。

これは、由々しき事態ではないか。共に学び共に磨き合う仲間への裏切り。そして、信じる教師への裏切り。そして、家族への裏切り……。それをしていて、平気でいられるか。

「千丈の堤も蟻の一穴から」という言葉がある。どんなに堅固に築いた堤でも、蟻が掘って開けた小さな穴が原因となって崩落することがある、という意味である。

今回の出来事は、「蟻の一穴」にならないか。いや、すでに水は漏れ始めているのではないか。そのような思いが浮かんでくる。

今回の「原因」から、どんな「結果」が生まれるか。君はどう思う。


かなり尖鋭な書き方をしているのは、生徒と保護者と同僚の危機意識を引っ張り出すためである。放置すれば荒れるからである。

読者は幾つかのことを想像するだろう。

たとえば、なぜ長谷川はネット上のグループ数や所属する生徒の人数まで把握しているのか、ということだ。また、この指導（全校集会での指導）の結果としてどのような変化が生じたのか、ということだ。そして、保護者からクレームが来ないかということだ。

なぜネット情報を把握しているか。関係諸機関と連携し、自身でも探索活動を継続しているからである。また、マイナス情報を寄せてくれる人間関係が、生徒との間にあるからである。

変化は、たとえば全校で、「ＬＩＮＥ」グループからの脱会者が続出したことである。

保護者からのクレームは一件もなかった。「そのとおりだ」「協力する」という激励の便りなら数点届いた。

御礼を言ってくれた方もある。

言うべきことを言うべき時に言うべきタイミングで言う。これがきわめて大切である。事実を基にして何が問題かを明らかにし、どうすればよいかまで明示する。過去十数回このような問題提起をしてきたが、陰口を叩かれることこそあれ、クレームをつけられたことは一度もない。信念に貫かれた行動なら、伝わるのである。

その2　通信でつながりをつくる

学校と家庭は車の両輪である。反対方向を向いて走っても、車は前進できない。同じ方向を向いて努力する、すなわち「共汗関係」を構築するために、まずは「目の前の子どもをどのような方向に教え育むか」を共有する必要がある。

そのための方法を紹介する。

一　学級通信でつながる

多い年で七百号余りの学級通信を書き散らしてきた。昨年度からは学年主任として、百から二百程度の学年通信を綴っている。

学級通信には学級生活の描写や授業の記録の他、子どもたちの文章も多く掲載している。子どもたちの文章とは、主に日記の文章である。子どもたちは日々感じること、考えることを日記に綴る。授業の感想から始まり、部活動の悩み、友人への励まし、誰々のように頑張るという決意、全員参加で学級をつくっていこうという呼びかけ等である。

それらを通信に載せる。すると翌日の日記には感想がズラリと綴られている。それを通信に載せる。その翌日も翌々日も、と年間を通して取り組んでいく。

時には私が課題を指定して、全員に考えを書かせることもする。

とにかく毎日、学級の一人ひとりが「考え」を日記に綴り、私はそれらを意図的に、通信上で交流させるのである。

その中には無論、担任である私の文章も含まれる。また、保護者のそれも含まれる。子どもだけでなく、大人たちが真剣に綴った文章も通信には多々掲載されるのだ。

それぞれの人間の、その時々の真剣な思考が記録されている。時には学級や、個人の問題点までもが赤裸々に語られる。だからこそ読む価値がある。

毎日帰りの会で集配当番が通信を配付する。直後、教室は静けさのなか紙をめくる音だけが聞こえる空間と化す。翌朝提出される日記には、通信の記事への共感、励まし、質問、異議等が綴られる。

このサイクルで、一年間、個を伸ばし、学級集団をつくっていくのである。

二　学年通信でつながる

学年通信も基本線は同様であるが、日記を書かせるわけにはいかないので、記事は主に私の文章となる。工夫しているのは、子どもが保護者と共に考えるような課題を出すことである。

親子の共通行動の場を設けコミュニケーションを促進するのがねらいである。

たとえば次のように、である。

次の人は誰でしょう。

六歳で父を失い、三人の兄弟の世話をしながら、働きづめの母を助けるために家庭料理を手がけるようになる。十二歳の時、母の再婚をきっかけに家を出てからは、機関車の助手や保険の外交、蒸気船、フェリーのサービスステーションなどの様々な職業を転々としながら三十代後半でガソリンスタンドを経営するが、干ばつや大恐慌で倒産。六十歳でレストラン事業を始めるが、失敗し多額の借金を抱え込み、社会保険で生計を立てる。六十二歳で、背水の陣の思いで更に借金に借金を重ね、手元に残ったわずかな資金で再度レストラン事業を模索……。

「挫折のススメ」というタイトルで書いた通信の一部だ。翌日、「お父さんが知っていました！」「お母さんと一緒に考えました」と生徒が答えを報告に来た。ちなみに答えは「カーネル・サンダース」である。

次のような課題も好評だった。

当時「味の素」社が主力商品である「味の素」の売り上げアップを狙い、全社員に売り上げ倍増計画のアイディアを提出させました。さて、あなたならこのときどんなアイディアを出しますか。

「地頭を良くしよう」という通信の一部である。「さらに多くの消費者の手に届くように取り扱い店の数を倍にする」「大手外食産業と組んで、取扱量を増やす」「『味の素』の単一商品から『ヘルシー版味の素』や『味付け薄め味の素』などの商品のバリエーションを増やす」等の一般解を例示しつつ、他人が思いつかないアイディアを！　と呼び掛けた。

翌朝。帰宅後に話題にしたという生徒が十三名、考えを披露しに来た。後日に開いた保護者会で会った保護者に「通信が家族の会話の基になっています。毎日楽しみです」と言ってもらった。

「親守詩」も、通信上で呼びかけ、そして作品群を紹介した。埼玉県知事や埼玉県教育委員、髙橋史朗明星大学教授をシンポジストに招き、国会議員、県議会議員、市議会議員、青年会議所、経済同友会、神社関係、保育士、保健師、看護師ほか八五〇名の参加を得て開催した「親守詩埼玉大会」には、担当学年から三名がノミネートされ、ひとりが県知事賞を受賞した。

その3　子どもを向上的に変容させる。

一　本音には本音が返る

二十代だったある年、私は学校改革の真っ只中に生きていた。一年生で学級をつくり、二年生で学年をつくり、三年生で学校をつくる。そのために格闘していた。次に引用するのは、その年の一学期の終わりにある女子が書いた文章である。


長谷川先生は、私たち二学年を改革しようと、とても苦労している。顔晴ってくれている。

でも、先生の顔晴りに答えようとしている人は、少ない。

あと、一年七カ月しかない。

長谷川先生だけでは、とてもじゃないけど大変だし、顔晴りすぎて倒れてしまう。そうなったら、大変だ。

私は、今まで人を信じられなかった。いや、信じるのが怖かった。裏切られるような気がして。友達もそうだ。いじめにあってから、誰も信じられなくなって、みんなが私を嫌っているように思えていた。

でも、中学生になって長谷川先生と出会った。

そして、長谷川先生を見ているうちに、「この人なら信じて平気」と思えるようになり、今までの自分の考えがかわった。

私は、長谷川先生を信じて、これからずっとついていきます。


二学期半ば、私はその子の書いた「学級への問題提起」の文章を学級通信に載せた。

次は、その文章に付した私のコメントの一部だ。

私はいつも語っている。自分のことは後だよ、と。

朝の会、帰りの会ではだいぶできるようになった。着実に前進している。が、課題も残る。

自分の都合は後。周囲と共にすべきことを優先する。

それが、大切なんだよ。人として、すべきことなんだよ。

H美がどんな気持ちでこの文章を綴ったか。胸が痛む。

アルトのリーダーに立候補してくれたH美。彼女の行動は、決して、自分の利益のためのものではない

利己主義がはびこるなか、利他主義に目覚める。他人の利益のため、属す集団の成長のために動き始める

私はそれを、「覚醒」と呼ぶ。H美は覚醒した。

翌日、母親から手紙が届いた。

放課後、子どもたちを部活に見送って職員室に戻ろうとする私を呼び止め、H美が手渡してくれた。

「H美の気持ちの底の部分をわかっていただき、ありがとうございます」

「いじめにあってからずっと心を閉ざしていましたが、先生のクラスに入り、信じられる人に出会えた、といってがんばっています」

「先生の行動をずっと見ていて、信じられると思ったそうです」

「親として、安心して学校に送り出せます」

そんな言葉が綴られていた。

帰りの会で、「損得を超えたところで行動せよ」と勝負に出た後だった。心に沈んだ澱が一瞬で消え去った。

私はまた、子どもの事実に救われた。

二　子どもが変わり、保護者が変わる

同じ年の同じ秋のある日。二十一時。学校を出ようとする時、別室のＰＴＡ会議が終わった。出てきた学級の保護者と少し話した。

「うちの息子が、非行に走らなかったのは長谷川先生のおかげです。先生に出会ってから、警察のご厄介になることが一度もありません」

「私も、ＰＴＡ学年委員長として協力させていただきます」

そう言ってくださった。

上の姉が不登校。学年も学校も荒れていた。そのため学校に対してきわめて批判的だった母親だ。入学してきた前年、そしてその年と息子さんを担任した。頭はいいが、周囲のためにはまったく力を使わない。陰がある。裏表がある。そんな印象だった。

教室で、廊下で、放課後も。毎日話をした。交換日記も続けた。

一年の九月頃から、彼はぐっと成長を始めた。私の一挙手一投足から学ぶ、と日記に綴ってきた。

そして二年の四月。学級委員に立候補した。教室が驚きの声に包まれ、そして、歓声が沸いた。

秋。彼は生徒会長に立候補し、当選した。孤立していた彼の周囲は皆、彼の応援団に変わっていた。

彼は三年でも私の学級に所属し、学校改革を共に進める同志として汗をかいてくれた。保護者もまた、そんな私たちを一所懸命に支え励ましてくれたのだった。

第6章

あなたの悩みにズバリ答える
長谷川流Q＆A

!❶ 生徒指導の悩みに答える！

Q１　初めて生徒指導主任になった人がまずすることは何でしょうか。

A　**現状把握ですね。**

生徒指導主任になった時点で、もう生徒指導の腕は見込まれているわけです。そのうえですることは、先生方の誰がどういう長所をもっていて、どういうところが足りないのか、あるいは学校の現状がどうでどこが課題なのか、どこを改善すべきなのか、どこを強化すべきなのか。そういうことを一個一個詰めて考えていくことだと考えます。

それが一番最初にやることです。

現状把握ができなければ、対策は立てられませんね。

ぜひ、事実を一つでも多くつかまえることから始めてください。

Q２　転勤した年に生徒指導主任になるという人もいると思います。そのような場合は、自分の方針をどんどん伝えた方がいいのでしょうか。それとも今までの流れを汲んだほうがいいのでしょうか。

Ａ　異動して初年度に生徒指導主任というのは、普通はないと思いますよ。なぜか。

その学校の生徒のことを何も知らない人が生徒指導のトップになるなんて、異常ですからね。

でも、その学校の教員では解決できなかったことを解決するために、外から力のある人が異動するのですね。力のある人が行ったのであれば、自分のやりたいようにやればいい。他の教員が仕事をしても駄目だったから、呼ばれたのですからね。

実力うんぬんではなくて、自分が異動したらいきなり命じられてしまった、他の教員がやらないからやらされた。そんな環境の場合でも、相手が動かないのであれば自分がやるしかないでしょう。基本的に自分が音頭をとるしかない。

だから、まずは現状の見立てやスクリーニングをするのが大切なのです。

次にするのは、どこから攻めるかを決めること。

仕事には、一つを解決すると他も良くなるというポイントがあるのです。

たとえば下駄箱の靴を揃えること。そういうポイントがあります。中学校でも、靴を整えることや、席を立つ時に椅子をしまうこと、そういった所から始めることですね。

先生方に言ってみるといいですね。ここからやりたい、小さいことから始めたい、それを継続したいということを伝える。そして、まずは自分がとことん動く。次第に人が動いていく。誰か情熱のある人が熱を入れて動いていくから、周りが気づき、変わり始める。学級と一緒ですね。

Q3　長谷川先生はどのように生徒指導会議を進め、方針や方策を決めていますか。

A　まずは各学年からの報告です。統一のペーパーにまとめてもらい、それを印刷、配付したうえでの報告です。

その報告は何のためにするかというと、報告された事態を改善するためにするのです。ですから、

報告の時間は短くし、指導方針を決め、方策を立てるための協議の時間を長くしなければいけません。

よって、報告の時間を極力短くします。それは、司会がやればいいことで、生徒指導主任の私が進めます。各学年ごとにざっと報告してもらい、ケースごとに軽重をつけ、重いものから扱っていくわけです。月曜四時間目にこの会議を入れており、時間が五十分しかありませんからね。

報告時間短縮のツールの一つが、先に述べた、毎週一枚のペーパーです。学年主任から担任に回し最後に副担任が書き、会議の人数分印刷して会議に臨むのです。

見ればわかることに説明は要りません。無駄が省かれます。会議にリズムとテンポが生まれます。

このような形にして、では誰が、いつまでに、いかなる指導をするのかという協議の時間をたっぷり取ればよいのです。そして、指導の経過を翌週の会議で報告してもらう。指導終了ならばその案件は終わり。継続中ならば新たな策を立てます。

それが生徒指導主任の仕事です。

Q4　その生徒指導会議で決まったことを全教員に浸透させていくときにはどのように伝え、どのように確認やチェックをしていくのでしょうか。

A　職員会議の連絡コーナーで済むことや、協議するまでもないことだったら、朝の打ち合わせなどで全体に伝えればいいですね。

また、詳細は、各学年の生徒指導担当が各学年で伝えればよい。

確認については、もし会議で決定したことを行っていない人、指導方針から外れる行動をしている人がいたら主任が指摘すればいい。たとえば、ルール違反を見過ごして指導から逃げたら、後々先生自身が苦しくなるのですよ、と。

指導すべき場面から逃げたら指導力は伸びない。その先生は指導できない先生だと、生徒は見抜くから、いっそう好き勝手をやっていくことになる。

教育公務員として税金から給料をもらっているのだから、そして学校は組織なのだから、その先生の個性とかなんとかは関係なく、言うことは言わないといけません。注意は全員がするのです。ただし、シャツを入れなさい、ボタン閉めなさいと「すべて」の先生がその場で該当生徒の「すべて」を直させようと戦うのは違う。取っ組み合いの喧嘩をするまで指導を詰める必要はない。

各学年にはいろいろなタイプの先生がいるわけで、それぞれの学年の生徒指導がまずは組織的にできればいいのですよね。学年の生徒指導担当を中心にして。得意な人が得意な場で活躍すればよい。それが適材適所です。

それで、もし該当学年内で生徒指導が完結しないとしたら、生徒指導主任として学年を飛び越えて入ります。そうやって仕事を組み立て、組織を動かしていく。生徒指導主任の仕事として、時には同僚相手に厳しく述べる場も必要です。けれども、基本的には、よくやってくれましたね、ありがとうございますと言って労う。他ができないことは自分がやっていけばいいですね。

Q5　生徒指導主任として、長谷川先生が考える大事なことを教えてください。

A　生徒指導主任として一番大事なことは何かというと、

その学校の生徒指導の目標を立て、達成のための仕組みを構築し、成果を上げることです。

具体的には生徒指導案件を減らしていくこと。教師を必要としない人間を育てること。学校の抱える問題・課題を解決することです。

課題解決のための方策を実行する、実行した結果どう変わったか、あるいは変わらなかったかということを検証するのもまた大事なことです。

生徒指導案件をなくす、課題を解決する。そのためには、先生方の得意不得意を見極めることが必要です。この先生はこれが得意だ、この先生はこういうところは苦手かもしれない、弱点だな。だとしたら、ここにはこういう人を充てようなどと常に思考し、行動するわけです。先生方個々の個性を見取ってそういう組織づくりをやっていくのが生徒指導主任の仕事だと私は考えます。

職員の生徒指導の質と量を統一することなどできない。同じ行動、アクションはすべきです、絶対に。でも、

「完全なる結果」を求めたら、お互いに苦しくなる。

生徒指導主任は、その学校の生徒指導の核ですよね。中学校で言ったら、生徒指導は、学校の教育活動の一番大事なところです。授業でも積極的な生徒指導をするわけですから。だから、自分が常に学び、動く。組織のトップとして自身が動くことから始めて、職員を動かす。

Q6　他学年の生徒に関わる時に、長谷川先生が気をつけていること、やっていることを教えてください。

A　日常的にしていることは、行動観察です。

観察して、「あの子は今朝ちょっと暗かったな」とか、「あの子たちは何か普段と違う雰囲気を醸し出していたよ」等の情報を、当該学年の教員に入れます。

そうすることでその学年の教員のアンテナが立ちます。すると、動きが生まれます。


気づきを与える。それが、大事だと思いますね。学年の教員が主体となって動くのが筋で、学年の教員と子どもとの人間関係を作ってくのが先ですから。そのために私は情報を入れる。情報を共有する。

保護者にも、学年関係なく私のもとに情報を入れてくれる人が多いのですよ。他学年の、たとえば一年生の保護者が話を聞いて下さいと言ってきたり、こんなことがあったのだけどと電話をくれたり、とか。

丁寧に受け、学年に伝え、学年からもその件についての指導をしましたという報告を保護者と私にしてもらいます。報連相をきちんとやるということです。

地域住民や保護者は、一人の教員に言ったら、学校全体に伝わると思っています。だから、情報提供を受けた教員が自分のところで留めてしまうのは駄目です。自分で抱え込んで他に言わないのはご法度です。例えば管理職が外に出ていった時に、「この間のあの件はどうなりましたか」と聞かれて答えられないと、学校への信頼が崩れるでしょう。

そういうところをきっちり詰めていくことも、主任としての大切な仕事でしょう。

Q７　「その程度だったら荒れてるうちに入らないよ、そんなの指導する必要ないんじゃない」というようなことを言って方針を覆そうとする人には、どう対応したらいいんでしょうか。

Ａ　担任を務めている人がそう言ったとしたら、「ではあなたの学級は全員シャツを出させて高校入試に連れていけ」と言います。

「指導する必要がないと言うなら、入試当日も指導するなよ、そのまま入試にいかせろよ」と。「保護者にもそう説明しろよ」と。ただし、そのことによって生じる不利益はすべてあなたが責任を取るのだよ、と。組織で決めた方針に従わず好き勝手をやる人がいたら、それはもう断固として批判していいです。仕事をなめるな、と。あなたは自分で指導ができないだけだろう、と。私ならそう言いますね。なぜなら、生徒指導主任はその学校の生徒指導の最後の砦だからです。

自分勝手で怠惰な教員がいると、子どもは教員間の指導の温度差、すなわち隙をついてくるわけですよ。「あの先生は注意しなかった。なぜあんたは注意してくるんだ」などと、真面目に働いている人が攻撃の対象になる。それでは筋が通らないでしょう。真面目にやっている人が馬鹿をみる状況など、許してはなりません。

Q8　全国には若くして生徒指導主任になった人もいます。生徒がなかなか変容せず、仕事に疲れてしまった時にはどうしたらいいのでしょうか。

A　生徒指導主任は疲れたなどと言っていては駄目ですね。

思ってもいいが、口に出してはいけない。トップがそのようなマイナス発言をすると、組織の士気が下がり、うまくいっていたことさえもうまくいかなくなります。

生徒指導主任は、もちろん健康は大事だけれども、学校の中で一番思考し、動いていないといけません。本来生徒指導主任の立場というのはそういうものです。

もちろん生徒指導主任がいなくても大丈夫なシステムを学校全体でつくりあげることは大事だけれども、生徒指導主任がいないと心配だと思われる、そのくらいの仕事をしたいですよね。

その上で、自分が不在の時に仕事が回るような第二、第三の人材を育てていくことですね。そういった目で後輩を育てていくのもまた必要だと考えます。生徒指導ができる人を育てなければ、学校は早晩崩れますから。

最後に、疲れ切ってしまったらどうするかという問題ですが、

勤務時間で退勤し、美味しいものを食べ、早く寝る。

私は過去に経験したつらい時期を、そうして乗り切ってきました。

Q9　自分が生徒指導主任ではない場合で、生徒指導主任が怒鳴る指導を中心にしているとき、自分はどうしたらいいですか？

A　自分は絶対にやらなければいい。それだけです。

他がやろうと自分はやらない。そう覚悟して、実行する。

怒鳴る教育に効果がないこと、事態をいっそう悪化させることは、諸研究で明らかなのです。だから、生徒指導主任が怒鳴りまくっているとしても、こちらは脳科学に則った適切な指導をして子どもたちを落ち着かせればよい。向山洋一氏の「授業の原則十カ条」や、平山諭氏の「セロトニン5」等に則った対応をすれば、子どもたちが困惑したり混乱したりすることが減ります。すると注意や叱責も減るのです。

子どもを困惑させたり混乱させたりしているのは、往々にして、教師自身の不適切な行為なのです。

怒鳴る指導が嫌なのなら、怒鳴らなくても済む良い環境を心ある人で協力して作っていきましょう。怒鳴る必要のない子どもたちを育てていきましょう。そうした事実をもって、怒鳴る指導の間違いを指摘していきましょう。

さて、子どもたちを育てるときには、「教えて褒める」を中心とします。ただし、叱ることを恐れない。たとえ発達障害をもっている子どもにも、叱るべきことは叱るのです。

叱る対象となる行為は「自分や他人の心身を傷つけること」と、私は決めています。

もちろん、この子にはこのような叱り方は通じないなどの知識は必要です。それもやってみて初めてわかることです。一般的に本とかで学んだことだけで、現実に一〇〇パーセント対応しようと思わない方がいいですね。目の前の子どもに合わせないといけませんね。その為に一人ひとりいるわけだから。機械ではありませんから。子どもも、教員も。

Q10　生徒指導主任の人の中には、子どもたちが自分の言うことを聞いているからいいだろうと考える人もいます。怖い先生の前では子どもはおとなしくしているけれど、弱い立場の先生の言うことは聞かないという場合、学年でどういう風にフォローしていったらいいでしょうか。

A　自分の言うことだけ聞いていればそれでよいというのは違いますね。

それは生徒指導の目的を履き違えています。目的は、生徒指導の案件を減らす、なくすことです。指導を必要としない人間に育てることです。

生徒指導主任の言うことだけを聞き、他で好き勝手に荒れているのであるならば、その教員は仕事をしているとは言えない。子どもを威圧して抑圧しているだけです。ある教員が抑圧したら、子どもたちはそれ以外の場でストレスを発散しようとします。バランスを取ろうとするのです。

ただし、他の教員の授業力と統率力の低さゆえに子どもが荒れるのだとすれば、みなさん勉強しないといけません。特に中学は教科担任制ですから、それぞれが自分の責任範囲で子ども集団をきちんと統率し、学力を保証するのが仕事です。

勉強もせずたとえば部活指導に没頭して、授業力が低い教員の授業が荒れているのだとしたら、「あなたはもっと真剣に学びなさいよ」と伝えてやるのも必要ですね。

Q11 長谷川先生が担当された生徒指導の事例の紹介をいくつかお願いします。

A 例えば毎週のように非常ベルがいたずらされる。週に何回もいたずらされる、というケースがある。

その場合の対応方法の一例を紹介します。

まず、非常ベルが鳴ったらどうするかを職員会議で決めます。たとえば、消防車を呼びましょうという対応があります。でもそれは、消防から断られます。「そんなことで行くわけにはいかない。」と。当然ですね。

でも、非常ベルが鳴ったら全校生徒を避難させることはできるのです。だから例えば、六時間目に非常ベルが鳴ったとします。そうしたら、全校生徒を避難させます。教員も全員外に出ます。避難させてそこで指導します。いたずらでした、立ちなさい、これだけの大事になるのです、と。

その後各教室に戻し、各教員が指導します。話す内容は統一します。そして、のちに各担任もまた同じ話をします。それぞれの言葉でいいから、同じ話をするのがポイントです。温度差を作ってはいけません。

そうしたうえで、六時間目の授業がなくなったわけだから、必ず七時間目の授業をします。削られた分だけでよいです。次の週でもいいから、必ず七時間授業を作るのです。

これだけでいたずらがなくなっていきます。全校生徒が敵になることを、やり続ける子どもはなかなかいませんよ。

これを、職員会議で決議するのです。そして、実際にやる。

これもまた集団の教育力の活用です。

集団を味方につけて、問題点を各個撃破するのです。

また、例えば保護者が学校の教育活動に協力しないという課題があるとします。でもＰＴＡ会長はやる気がある人です。その会長を近隣の、落ち着いた学校に連れて行く。例えば午後の五時間目に連れて行くと、「この学校は今日開校記念日なんですか？」というくらいに静かです。「いや授業中ですよ。五時間目ですよ。」と言うと、「え〜っ」と驚かれます。「いや、これが普通なんですよ」とインプットします。保護者に理想の姿を見せていくのです。勤務校でもこうしたいのだ、だから力を貸して欲しいのだ、だからたとえば、校内の見回りをＰＴＡ役員と一緒にしたいのだ、などと具体的行動を一つひとつお願いし、実行していくわけです。

関係機関との連携等については、第二章や第三章に書きました。参考になれば幸いです。

Ｑ12　生徒指導が大変な学校だと教員が疲れてきてどんどん暗くなってきます。そのような時、同僚をどのように支援していけばいいですか。

Ａ　難しい問題だということはわかります。自身も為すべきことをたくさん抱えている中での支援ですからね。

職員集団の疲弊に対応した事例を挙げます。

ポイントは、大きなことをしようとはしないことです。

たとえば私は、おいしいものを買っていきます。それを、お茶でも入れて食べます。自分が食べたくてやっているわけではありません。大切だと思うから、続けています。放課後とか夕方とかに、先生方の机の上にチョコやお菓子を置く。お疲れ様と慰労する。一時期はよくやりました。

あとは、笑い話をすることですね。勤務校の職員室はほとんどが仲がよいです。明るいです。学校なんだねって、転出した人が何人も言っていました。「うらやましい」「戻りたい」「こんなに雰囲気の良い学校はない」と。努力して作っているのですね。

同僚に楽しく、気持ちよく働いてもらうにはどうするかを、一時期は特に考えていました。勤務校にはそれが必要な時期があったのです。

もちろん仕事だから辛いことがあるのも当たり前なのだけれども、一緒に乗り越えていきましょうというスタンスでやってきましたね。「先生、ありがとう」とか、「先生、そこは私がやっていきますよ」とか、そういう言葉をどれだけかけられるかだと思うのです、大切なことは。幹部として全体を見るとは、そういうことだと思います。

また、大きな事件があった時に共に動いてくれた先生がいれば、翌朝の打ち合わせ等を使って、

「昨日これこれがありましたが、その時に先生方が動いてくれて本当に助かりました。うれしかったです。ありがとうございました」と感謝を述べる。

それだけでも違うと思います。動かなかった人は、次は動こうと思うかもしれませんし。そういうことが大事なのだと思います。

主任としては、学校全体の危機と認識したら、全校生徒を相手にしても、全保護者を相手にしても、たったひとりでも戦いますね。そういうこともありました。「他の誰もやらないなら自分がやる」それがリーダーだと、私は考えるのです。

❷ 特別支援教育の悩みに答える！

Q１　特別支援教育を要する生徒が荒れる原因とは何ですか。

A　発達障害の特徴を理解しない大人によって注意、叱責等の不適切な教育が為されたことです。

中でも最も悪いのが、「様子を見ましょう」などと言って何もしない「放置」です。

本来受けるべき適切な教育を受けられなかったことによって、子どもたちの心がこじれていくことが一般的です。

情緒がこじれたために荒れ、あるいは無気力という現象が起こっています。

Q２　特別支援教育を要する生徒の荒れを加速させるものは何なのでしょうか。

A　ひとつは思春期であるということです。特に中学校は思春期がはじまり、中二、中三でその真っ只中に入っていくという状況です。

思春期というのは、更年期と同じで、体内のホルモンバランスが人生で最も崩れる時期です。ホルモンバランスが崩れると、至る所にその影響が出ます。体だけではなく、心にも出ます。イライラが収まらない、注意が続かない、集中が途切れる、あるいは心に感じるストレスがより強まる、あるいは人間関係がうざったくなるなど、そういったことが影響として起きてきます。それが思春期です。まさに疾風怒濤の時代です。それに加えて、あこがれを求める、今まで正しいと思っていたことや権威を認めていた対象を疑い始める。例えば先生の言っていること、親が言っていることを疑い始める。自分なりの権威を打ち立てたがるということです。

かっこいいことに憧れるというのがありますけれども、例えば暴走族に憧れれば暴走族の方に惹かれていってしまうということなんですね。ですからそのあこがれの力というのは正しい方向に向けてあげなければいけない。例えば私たち教師がかっこいい大人、かっこいい人間である、潔い生き方をしているということで、子どもたちからかっこいいと思われれば、そういった大人になりたいという風に子どもたちは思うわけです。

加速するものの一つは思春期の心理状態ということですね。それが情緒のこじれと合わさった形で、相乗効果の形で、荒れを加速させるということです。

もう一つは、今言ったことと関係するのですけれども、

その特別支援を要する子の周りの子たちの影響です。

特別支援を要する子の周りには、大きく分けて六種類の子どもたちがいます。例えば影で糸を引く子とか、あるいは特別支援を要する子の症状を真似をする子とか、故意に刺激をする子とかですね。そういった中にですね、モデルとなる子がいるんです。荒れのモデル。大人に、権威に反抗しているそのモデルがかっこいいと映った場合、その支援を要する子も、そちらに一気に進んでいきます。流されていきます。そういったことが、次から次へと起こるのが中学校三年間なんです。

支援を要する生徒の中にはこだわりの強さを特性に持つ生徒が少なくありません。「大人は信用できない」

「学校には意味がない」「勉強をやっても無駄だ」等の決めつけにこだわる生徒には、指導者の適切な対応が必須です。でないと、更に荒れます。

Q3　特別支援を要する生徒がクラスの荒れの要因となっています。その生徒と周りの生徒にはどう対応したらよいですか。

A　原則から言いますと、発達障害を抱えていようがいまいが駄目なことは駄目と教えることです。

発達障害をもつ子どもではなくても、情緒のこじれが起きていて、反抗したりとか、毎日喧嘩をしたりとか、器物破損をしたりとかする子もいますよね。ですから、原因はどうであれ、事情はどうであれ、していることが良ければ良い、悪ければ悪いのです。

そこを、あの子はそういう事情があるから、この子はこういう事情があるからと「配慮」していって、上手くいった試しはないと思います。

配慮は「指導法の工夫」でするものです。問題を見過ごす言い訳にしてはいけません。

以前勤務していた学校が荒れた原因は、ルールが一貫しなかったからです。「なんであいつは許されるのに俺は駄目なんだ」とか、「なぜあの子は何も言われないのに私は注意されるのですか」「先生方は不良に優しい、真面目な生徒に厳しい」などという相談が、私のところには多数ありました。

授業アンケートを実施すると、「先生なのに注意しないのはおかしい」とか、「先生はなぜ授業中に叱らないのか」、「ルール違反をしている奴をなぜ怒らないのか」とか。そのような子どもからの疑問というのが次々と寄せられる状況がありました。

ですから一貫した方針を立てて、学校全体でこの場合はこうする、例えば暴力をふるったら警察に通報する、煙草を吸ったら親を呼ぶとか、明確なルールを決めます。各教員はそのルールの下に行動を貫きます。でなければ荒れから立ち直ることはできません。

もちろん、生徒指導部会に所属する面々は、担任や授業担当のフォローに回ることも必要です。

Q４　特別支援を要する生徒が不登校になってしまった場合、どうすればいいでしょうか。

A　特別支援を要しようが要しまいが、不登校になってしまった場合に、最初の一日、二日が勝負なわけです。

三日間何もしないで過ぎてしまった場合、立ち直りはきわめて困難になります。

不登校というのは、その子が一日休んだ、二日休んだという場合、二日目の段階でもうシグナルです。あるいは、連続で休まないけれども、あれ、今週の月曜日は休みだな、先月も月曜日に休んだことがあったな、と気づいた段階で、家庭も巻き込んだ形でやっていく必要があります。このことに特別支援を要する、要さないは関係ないです。

特別支援を要する子は登校刺激を与えてはいけないのかというと、そんなことはありません。もちろんそれは親御さんと、或いは管理職なども含めた形で方針を立てるのだけれども、基本的に登校刺激はするのです。多くの場合、不登校でもフリースクール等の代替機関には行かず、通えず、家に引きこもるパターンですよね。そこでは学べないことがある。

学校という場でなければ学べないことが確かにあるからです。

私は教師の仕事というのは様々な形で登校刺激を与え、登校意欲を育むことだと考えています。

だから私は家庭訪問してきました。五十日、百日連続で、です。

医師が登校刺激をするなと言った場合は、「なぜしてはいけないのですか」と尋ね、明らかにします。私も自分のやっていることが全て正しいとは思いませんし、自分の判断が全て正しいとは思わないですから、お医者さんと話し合いの場を持って、ではいつからなら、いかなる形でなら登校刺激をしてよいのですかと聞くのです。駄目と言うなら、この子の将来の自立はどのように図るのですか、と問う。

先生が考えていらっしゃる登校刺激と言うのは、どういうことなんですか。例えば学校に来なさいという言葉ですか、それとも、教師が関わることそれ自体が刺激なのですかと具体的に聞くのがよいです。教師が関わることと自体が刺激だとして、それを駄目だと言うのならば私はおそらく従いませんね。私は担任としてこの子に関わっていきます。たとえメールのやりとりのみになってしまったとしても、私は教師として関わっていきます。そういう話をするわけですね。

不登校というのはとても難しい問題です。事情も対応策も千差万別です。それでも目の前で起きているならば、方針を立て、策を講じなくてはなりませんね。私もそうしてきました。何人もの生徒が、不登校から立ち直りました。また個別に聞いてみてください。

Q5　ASDの子が暴力をふるって困る、暴力を止めさせてほしいという電話がありました。ASDのことを知らない保護者にどう説明しますか。

A　これは管理職と特別支援教育コーディネーターを入れてきちんと話し合うべきケースですね。

先生が一人で策を練り、実行しても、それでも保護者から反感を持たれることの方が多いと思います。どちらの保護者からもクレームが寄せられる可能性もある。

それよりも話し合いの場を設定するのですね。情報を共有する。問題点を明らかにし、責任の所在を明らかにする。誰がいつまでに何をするのかを決める。そういうケース会議を持ちましょう。コーディネーターに、まさにコーディネートしてもらうのです。そのためにコーディネーターがいるわけですから。

その子の話題は生徒指導委員会に上がっていますか。教育相談部会に上がっていますか。支援会議には上がっていますか。当該学年の生徒指導担当、教育相談担当はどのような方針のもとで動いていますか。福祉は関わっていますか。そのように外堀を埋めつつ、正しい方針と適切な対応を決めていくわけです。

暴力をふるうのを止めさせてほしいという電話をもらったということは、何回もふるっているということでしょう。

では、「何回も」というところまでいくのにどのくらいの期間がかかったのか。その期間に具体的に、何を何回やりましたかということ。事実確認が大事です。

その子どもは暴力をふるいたくてふるっているのでしょうか。その子はどんな刺激を受けたときに暴力をふるってしまうのでしょうか。言葉、行動、雰囲気、音、そういったデータを全部集め、整理し、記録します。

そして、管理職とコーディネーターを含め、親を呼んで話します。その子の幸せのために何をするのか。その子がこの場（通常の学級）にいた方がいいのか、いない方がいいのか。いた方がいいなら、どのように環境を整えてあげればいいのか。そういうことをまずはやる。その後で、その子の幸せのために周りへの告知が必要ならするのです。

私自身、特別支援教育コーディネーターとしてそういった仕事をしています。自分の学級、自分の学年の枠を超えて、です。コーディネーターとして、授業を見て回りスクリーニングをしたり、担任の相談に乗ったり、保護者を励ましたりもしています。医療につなげるなどは、その後の話です。「厄介払い」ではないのです。

Q6　わざと嫌なことや良くないことをして気をひこうとする生徒にどう対応しますか。

A　注意されるようなことをして気をひこうとする。それは多くの子どもがします。

普通の中学生だなという感じがします。ただし、こういうことを頻繁にするのだとしたら、問題がありますね。

対応はまず、悪いことをしたら叱ります。あなたのやっていることは悪いことだから止めなさい。もうしてはいけませんと叱ります。きっぱりと、具体的に、短く。「はい」と言わせたら終わりです。ぐちぐち説教するのは百害あって一利なしです。

また、注意されるようなことをしたら、注意します。それで、無視できることは無視すればいい。「減らしたい行動は無視する」の原則通りに、です。無視するのは次の行動を褒めるためですね。その行為自体を無視して、自分でそれを止めたことや、止めた後の正しい行動を褒める。

一点、留意点があります。

本当にわざとやっているのかを疑う必要もあるかもしれません。

本当にわざとなのかということから始まって、何であの子はこんなことをするのか、何が不適応行動の原因なのか、家庭環境はどうなのか、家庭での言動はどうか。学校では、特定の場面でそうなるのか、ある特定の教員の前でそうなるのか、自分の前だけなのか、全部の授業なのかと分析します。すべての授業で不適応な行動を繰り返しているのだとしたら、医療にも相談する必要がありましょう。

発達障害の疑いもありますので、まずはその子の行動を観察し、記録していってください。その子のことを熟考してください。一般論も大事なのだけれど、その子に対して何ができるかを考えて、私はおよそ上手くいっています。代替行動を共に考えるのも大切です。

Q7 以前いじめられていたことなどを思い出して喚くような子にどう対応したらいいですか。

A これも組織対応でしょうね。フラッシュバックが起きるのであれば、どんな時間帯に、どういう場面で起きるのか。様々な先生が関わって初めてわかることですよね。

この子に対するケース会議は開かれていますか。そこに福祉は入っていますか。家庭の状況を把握していますか。親御さんはその子のそういう状態をどう思っていますか。どう関わっていますか。医師やカウンセラーのカウンセリングを受けていますか。

様々な方面からのアプローチが必要でしょうね。教員がまずすべきなのは環境調整です。物的環境も人的環境も整えます。その子の不安を取り除いてやるのです。同時に、様々な方面への働きかけをすることですね。外堀を埋めるということです。

教員が1対1対応で関わりに没頭してしまうと、教員は三十人、四十人の子どもを見ているわけですから、他への対応が疎かになります。だからこそ組織を動かしていくことが必要です。

Q8　特別支援を要する生徒にとって、周りが落ちついているのは重要です。落ち着いた環境にするために、周りにすること、語ることはなんですか。

A　温かい雰囲気の集団をつくることです。どんな子でも温かく受け入れる。障害があろうとなかろうと仲間として受け入れる。

そういうクラスをつくる。そのために日常生活があり、学校行事がある。そのようなクラスをつくるために、まずは担任自身が毎日笑顔で、愛のある言葉を話す。愚痴や皮肉を言ったり、感情をすぐに顔に出したりはしない。どんな生徒に対しても、回避感情を抱かない。進んで接近し、関係をつくっていく。

集団の教育力はきわめて大きいのです。

私がよく話す言葉に「中間層を維持せよ」があります。

集団が2対6対2に分かれるとします。最初の二割が何事にも真面目にがんばる子どもたち。後の二割が教師に反抗したり、教室の雰囲気を悪くしたり、足を引っ張ったりする子どもたちです。教育活動で大事なのは、この課題溢れる二割を何とかしようと格闘することではありません。それよりも前に、真ん中の六割をこちらに向けることです。その子どもたちからの尊敬と信頼を取り戻すことです。教師の日常の言動と、授業で、です。

八割がついてくれば、二割へのアプローチも成功する可能性が高くなります。教師だけでなく、子どもたちもまた、二割へのアプローチをしてくれますから。そうやって「全員参加」のクラスづくりをしていくわけです。

発達障害の子どもを教え育むうえでも、この学級づくりが大事です。

指導の手順は、「まずは全体、然る後に個」。

全体を組織化し質を高めるのが先なのです。人的環境と物的環境を安定させることです。学級が良い状態になっているから、発達障害の子の症状も情緒障害の子の症状も、しだいに和らいでいくのです。周りがしょっちゅう喧嘩したり、教師の指示に従わなかったりする状況下で、発達障害の子に落ち着けと言ってもそれは無理ですよね。

担任である教師が一番最初にやることは何か。学級づくりです。語ることは何かというと、そのような学級づくりに必要なこと、人と人との関係を良くするようなこと、協力の大切さ、仲間の素晴らしさ等を、説教するのでなく、語るのです。

Q9　反抗挑戦性障害などの二次障害を引き起こしている子に対応するときに気をつけることはなんですか。

A　ADHDに加え、反抗挑戦性障害と診断された生徒がある年、学年に三人いました。二次障害というのは薬で落ちつかせることはできないので、愛情をもって関わるしかない。

ここでも笑顔と愛のある言葉がとても大事になります。その子たちが荒れているときも、荒れていない時も、特に平時にどれだけ関わりが持てるか。どこまで深い関係を築けるか。その点を常に意識して対応していました。

反抗挑戦性障害というのはたとえその子にプラスになることであっても反抗してくるでしょう。けれども、ある人に対しては反抗をしないのです。大人全員に反抗するわけではないのです。反抗の対象にならない大人がいるのです。

学級には、医療につなげ、ＷＩＳＣや心理検査をした子がいました。注意されると相手を殴ってしまうのです。衝動性がきわめて強い。解離もある深刻な状態でした。時には相手を脳外科送りにするような怪我をさせてしまうこともありました。

しかし、この子は、一回も私に暴力をふるったことはありません。私が一番関わったし、私が一番その子を叱ったけれども、口答えをしたことすらありませんでした。

それは私が、自身の仕事を通して、彼からの信頼と尊敬を取り戻したからだと考えます。

一目置かれたというのでしょうか。「先生についていけば間違いない」、「俺は先生を信じる」と彼は言いました。

ではどう関わったか。まずは彼らの不適切な言動への、肯定的フィードバックです。反論でも共感でもない対応です。

次に授業で、彼の居場所を作った。毎時間ノートに赤丸をつけて褒めた。漢字テストで満点を取らせた。学級づくりの上でも、彼に重要な役割を与え、様々に支援しながらやり遂げさせた。彼は仕事の達成感で涙を流したこともあります。

そういう関わりを続けて一年半ほどが経過した頃には、彼の対人暴力、器物破損はゼロになっていました。卒業までずっとです。

大人への信頼と尊敬を取り戻す。そのための手立てを、まずは自分自身から、幾重にも積み重ねることですね。共に、がんばりましょう。

あとがき

学習指導も特別活動の指導も、生徒指導も特別支援も、教師は明るく朗らかに実践するのが一番である。笑顔でする方が、指導の効果は高い。しかも、自分のメンタルヘルスにも良い。苦虫を噛み潰したような顔で皮肉を言ったり、真っ赤な顔をして怒鳴ったり、暴言を吐いてしまったりするようでは、得たい結果（生徒の変容）を得られる可能性は低い。

得たい結果を得るために指導をするのだから、その結果をいっそう遠ざけてしまうような態度や言動は避けた方が良い。

これが私の一貫した主張である。

特に中学校教師は、思春期真っ只中の精神的に不安定な子どもたちに毎日接しなければならない。しかも、接する時間は保護者の倍程度長い。そんな中、時にはカッとなる時もあるだろう。ストレスが蓄積され、イライラが続き、皮肉の一つもぶつけてやりたくもなるだろう。いざ衝動に負けそうになった時、そんな時にはこう自問する。

「それで相手は変わるのか？」

この問いを自分に向ける。一呼吸置くのだ。すると、多くの場合、今しようとした「指導」が事態をいっそう悪化させる「愚策」であることを自覚できる。「今感情を爆発させれば憂さ晴らしにはなるだろうが、心地良いのは一瞬であって、その後には何倍も大変な事態が待っている」と気づけるのである。落ち着けば想像力が働く。講じるべき策が見えてくる。

では、想定外の出来事が目の前で起きた時にはどうするか。「許せない！」と激情に駆られた時はどうすればよいか。

「そうきましたか」

私はこの言葉を声に出して言う。この言葉がクッションとなり、硬直化する心に余裕が生まれる。自然と笑いがこみあげる。苦しんで考えた方法よりも、楽しく考えた方法の方が効果が高いのが世の常だ。「そうきましたか」の後に、事態を悪化させるような指導をしてしまった経験はゼロである。

教師が逆上すると、より重篤なトラブルが発生しやすくなる。暴言の応酬になるケースもある。そして、時に暴言は暴力を随伴するものとなる。

そのような事態は避けなければならない。子どものためにも、自分自身のためにも、である。

自問する習慣。そして、つぶやきの習慣。

このような小さな習慣を一つひとつ身に付けていくと、精神的なゆとりが大きくなり、子どもへの対応もより適切なものとなっていく。

私自身にも、現場での連日連夜の対応で心身が消耗し、ベッドから自力で起き上がれない状態に陥った時期がある。そのような経験を経て、「超・積極的指導」のあり方を考え、行動し、習慣化した。自分が変わったことで、指導が変わり、結果として子どもたちの成長度合いが高まった。

本文中でも紹介した平岩幹男ドクターは言う。

子どもの自己肯定感を高く保つことが何より大切だ。

埼玉で開催した学習会では、そのために教師が為すべきことについて具体的な指導を受けた。「自己肯定感の高い大人にしか、自己肯定感の高い子どもは育てられない」との指摘に、参加者一同大いに納得したものである。

何か事件が起きるたびに後悔し、悩み、自分を責める。

そんなことを繰り返していたら、教師の自己肯定感はますます低下し、子どもへの適切な指導が更に困難になる。

後悔したり自責したりする必要はない。

次なる方策を考え、書籍で学び、人から教わり、選択し、実行するだけだ。それで初めて現実は変わる。

解決できない問題は起こらない。

問題は学び行動することできっと解決できる。解決した時、教師の自己肯定感はぐんと高まる。その経験は財産となる。

本書には、様々な「超・積極的指導」を収めた。もちろん、まだまだ書き尽くせないことが多々ある。それらについては今後も整理を重ね、ベストのタイミングで書き著したいと思う。

最後に。師匠の言葉「教師修業は果てしがなく」。まだ見ぬ高みを目指し、更に腕を高めていきたい。

二〇一四年初夏　　長谷川博之

著者略歴

長谷川博之（はせがわ　ひろゆき）

1977年１月17日生。早稲田大学卒。現在埼玉県秩父市立高篠中学校勤務。NPO法人埼玉教育技術研究所代表理事。TOSS埼玉志士舞代表。日本小児科連絡協議会「発達障害への対応委員会」委員。全国各地で開催されるセミナーや学会、学校や保育園の研修に招かれ、講演や授業を行っている。また自身のNPOでも年間20回ほどの学習会を主催している。主な著書に『クラス皆が一体化！　中学担任がつくる合唱指導』『子ども・保護者・教師の心をつなぐ“交換日記＆学級通信”魔法の書き方と書かせ方』『“就学時健診”から組み立てる発達障害児の指導』（以上、明治図書）『中学校を「荒れ」から立て直す！』（学芸みらい社）等がある。

E-mail:hirobing@mx1.ttcn.ne.jp

生徒《せいと》に『私《わたし》はできる！』と思《おも》わせる
超《ちょう》・積極的《せっきょくてき》指導法《しどうほう》

GAKUGEI MIRAISHA

2014年8月1日　初版発行
2014年9月1日　第２刷発行
2014年11月25日　第３刷発行
2015年8月1日　第４刷発行
2016年8月1日　第５刷発行
2018年2月20日　第６刷発行
2019年4月15日　第７刷発行
2020年12月15日　第８刷発行

著　者　長谷川博之
発行者　小島直人
発行所　株式会社 学芸みらい社
〒162-0833 東京都新宿区箪笥町31番 箪笥町SKビル301
電話番号 03-5227-1266
http://www.gakugeimirai.jp/
E-mail : info@gakugeimirai.jp
印刷所・製本所　藤原印刷株式会社
ブックデザイン　荒木香樹

落丁・乱丁本は弊社宛お送りください。送料弊社負担でお取り替えいたします。

ISBN978-4-905374-41-1 C3037